Guest Experience

Qualità, Esempi Operativi e Casi di Studio

Ignazio Caloggero

Questo libro rappresenta un approfondimento tematico del primo volume "Turismo e Marketing Esperienziale. Edizione 2023 del Centro Studi Helios" ed è rivolto principalmente agli studenti che frequentano corsi sul Turismo Esperienziale. Tuttavia, ritengo che possa essere di utilità anche per un pubblico più vasto, includendo professionisti e operatori del settore dell'ospitalità.

Una delle caratteristiche innovative di questo volume è la sua natura di "libro espandibile". Offre infatti la possibilità di arricchire le informazioni contenute con ulteriori dettagli e approfondimenti, anche di tipo multimediale, che non sono direttamente inclusi nel libro. In vari punti, sono forniti link e relativi QR-Code, che conducono a schede di approfondimento accessibili semplicemente con un telefono dotato di lettore QR-Code. Vi incoraggio vivamente a esplorare questi link, che rimandano a centinaia di esempi operativi e casi di studio reali. Come è ben noto, le immagini possono esprimere più delle parole e, aggiungerei, i video possono trasmettere ancora più delle immagini. Questi ultimi sono visualizzabili accedendo alle pagine web che offrono schede dettagliate o video di approfondimento.

Gran parte del contenuto di questo volume è estratto dal corso "Guest Experience", la cui pagina dedicata è raggiungibile al seguente link:

https://www.centrostudihelios.it/spc132-guest-experience/

Introduzione

Come descritto nella premessa, il libro riprende e approfondisce i concetti espressi in un precedente volume, adattandoli al settore specifico dell'ospitalità e alle diverse tipologie di Guest Experiences: Sensorial, Location, Seaside Village, Farmhouse, Glamping, Narrative e Integrative Guest Experience. Per ciascuno dei principi esperienziali, considerati come indicatori di esperienza—Multisensorialità, Approccio culturale, Relazionalità, Partecipazione diretta, Apprendimento esperienziale, Tematicità, Estetica, Intrattenimento e Immersione—viene descritta l'applicabilità al settore dell'ospitalità, fornendo centinaia di esempi operativi e casi di studio.

Il volume approfondisce inoltre il concetto di Quality Management applicato alla Guest Experience, illustrando fattori e indicatori della qualità suddivisi per categorie: qualità relazionale, qualità organizzativa, qualità tecnica, qualità sociale, accompagnati sempre da esempi operativi e casi di studio reali. Il volume presenta anche due importanti strumenti per la valutazione e il riconoscimento della Qualità Esperienziale: il Sistema di Gestione delle Esperienze (SGE) e il Marchio di Qualità Esperienziale QE.

Infine, il libro descrive le professioni emergenti nel settore della Guest Experience e le modalità di riconoscimento legale di tali figure professionali.

1. Guest Experience

1.1 Il concetto di "esperienza"

Rivediamo e integriamo alcuni concetti già presentati nel volume "Turismo e Marketing Esperienziale[1].

Esperienze: Eventi memorabili che coinvolgono gli individui sul piano personale [Pine e Gilmore – 1999].

Esperienze multisensoriali: Esperienze che vedono un coinvolgimento polisensoriale (coinvolgimento di almeno due o più sensi: vista, udito, tatto, olfatto, gusto) (Ignazio Caloggero - 2019-2022)

Esperienza Culturale: Esperienza *multisensoriale che permette di approfondire la conoscenza di elementi di identità locali"*

Offerta Esperienziale: quando l'esperienza costituisce l'oggetto primario dell'offerta.

Turismo Esperienziale: quando l'offerta turistica comprende una o più offerte esperienziali.

Guest Experience: Insieme di esperienze offerte al cliente/ospite durante l'intero ciclo di vita del suo soggiorno

Potremmo affermare, in linea di massima, che ogni offerta turistica di per sé è in grado di far provare emozioni. Potremmo in teoria affermare che ogni offerta turistica di per sé ci fa apprendere qualcosa. Per cui potremmo classificare tutte le offerte turistiche come "offerte esperienziali" in quanto capaci di coinvolgerci a livello emotivo, fisico e intellettuale o farci apprendere qualcosa (non

---

[1] Ignazio Caloggero: Turismo e Marketing Esperienziale. 2023 Edizione Centro Studi Helios

necessariamente in termini positivi) ma sarebbe solo un modo di accomunare esperienze, che spesso tra di loro hanno poco in comune.

Nel proseguo, verrà spesso usato il termine **percorso**, preferendolo al termine **offerta** per sottolineare il fatto che un percorso è un insieme di attività legate tra di loro, che mirano ad uno scopo ben preciso ma che non necessariamente devono configurarsi come una offerta turistica.

Un percorso esperienziale, al fine di essere considerato veramente tale, dovrebbe rispettare il maggior numero possibile dei principi, visti come indicatori, che lo caratterizzano, eccoli:

1. **Multisensorialità:** Il percorso esperienziale deve prevedere attività di tipo multisensoriale (coinvolgimento dei sensi: vista, udito, tatto, olfatto e laddove possibile, gusto)

2. **Identità locali:** Il percorso esperienziale deve permettere di approfondire la conoscenza di elementi di identità locale

3. **Unicità:** il percorso esperienziale deve presentare caratteristiche di unicità

4. **Relazioni umane:** il percorso esperienziale deve essere basato sulle relazioni umane

5. **Partecipazione diretta:** il percorso esperienziale deve prevedere la partecipazione diretta dell'ospite ad alcune attività

6. **Apprendimento esperienziale:** il percorso esperienziale deve prevedere una fase di apprendimento attraverso la partecipazione diretta dell'ospite ad alcune attività

7. **Approccio tematico:** ogni percorso dovrà essere costruito a partire da un tema che lo caratterizza e che ne costituisce il filo conduttore

8. **Approccio estetico:** l'approccio estetico, è uno degli elementi, assieme a quello della partecipazione diretta, alla base del concetto di "immersione". Gli eventi che costituiscono "la messa in scena dell'esperienza" devono

essere progettati in modo da dare importanza a tutti gli aspetti che possano influire sull'estetica: l'atmosfera, il senso del bello, il luogo scelto per l'esperienza, la trama (sceneggiatura) che deve essere coerente con il tema scelto ed il luogo individuato.

9. **Intrattenimento**: il percorso esperienziale dovrebbe anche prevedere dei momenti di intrattenimento che arricchiscono e rendono piacevole l'esperienza.

10. **Immersione**: Il principio di immersione è in realtà, la diretta conseguenza dell'applicazione dei principi di multisensorialità, partecipazione diretta e approccio estetico. Tecniche immersive possono essere implementate al fine di creare un ambiente scenico che vede i partecipanti immersi in un contesto multisensoriale.

I livelli di Esperienza sono legati al livello di applicazione di tali principi.

Esperienze (a carattere prevalentemente commerciale)

- **Esperienza (Primo Livello)**: Esperienza multisensoriale, che presenta caratteristiche di unicità" (principi 1, 3)

- **Esperienza Autentica (Secondo Livello)**: "Esperienza multisensoriale, unica, basata sulle relazioni umane, che prevedono la partecipazione diretta degli ospiti, e basata su un approccio tematico" (principi 1, 3, 4, 5, 7)

- **Esperienza Piena (Terzo Livello)**: "Esperienza multisensoriale, unica, tematica e immersiva, basata sulle relazioni umane, che prevede la partecipazione diretta degli ospiti nelle attività che costituiscono l'esperienza stessa" (principi 1, 3, 4, 5, 7, 8, 9, 10)

Esperienze Culturali

- **Esperienza Culturale (Primo Livello)**: "Esperienza multisensoriale che permette di approfondire la conoscenza di elementi di identità locali" (principi 1, 2, 3)

- **Esperienza Culturale Autentica (Secondo Livello)**: Esperienza multisensoriale, unica, basata sulle relazioni umane, che permette la comprensione di elementi di identità locale attraverso la partecipazione diretta nelle attività che costituiscono l'esperienza stessa" (principi 1, 2, 3, 4,5, 6, 7)

- **Esperienza Culturale Piena (Terzo Livello)**: Esperienza multisensoriale, unica, tematica e immersiva, basata sulle relazioni umane, che permette la comprensione di elementi di identità locale attraverso la partecipazione diretta nelle attività che costituiscono l'esperienza stessa" (principi 1, 2, 3, 4, 5, 6, 7, 8, 9, 10)

Principi esperienziali endogeni ed esogeni

Un altro aspetto da prendere in considerazione è quello di considerare l'applicabilità endogena o esogena del principio in base al tipo di attività esperienziale

- **Principio endogeno**: il principio è rispettato dalla natura stessa dell'offerta esperienziale

- **Principio esogeno**: il principi è rispettato integrando elementi che arricchiscono l'esperienza.

Prendiamo ad esempio il principio della multisensorialità.

Una passeggiata nei campi, a diretto contatto con la natura o nei luoghi di produzione in un ambiente rurale può essere una occasione di una esperienza multisensoriale davvero unica (requisito endogeno):

- **Tatto**: percepire gli effetti del vento sulla pelle e toccare con le mani fiori, animali, alberi;

- **Udito**: il suono degli insetti, degli animali o i rumori della natura;

- **Olfatto**: l'odore dei fiori, del fieno, dell'uva pestata, del vino, dell'olio spremuto, delle erbe aromatiche;
- **Vista**: la visione delle bellezze naturali, culturali o degli animali incontrati o dei cibi degustati:

Il requisito di multisensorialità può essere applicato anche in altri contesti in modo esogeno, semplicemente aggiungendo, laddove si rende necessario, elementi che arricchiscono l'esperienza: **luci**, **odori**, **suoni**, **ambienti immersivi** ed altri stimoli sensoriali.

L'atmosfera nel suo complesso, vista come componente estetica dell'ambiente, i suoni, gli odori, le forme degli oggetti, dei piatti, degli stessi tavoli, delle stanze degli ospiti, dei letti, degli arredi e perfino la morbidezza della sedia o dei divani su cui siamo seduti, influenza l'esperienza che viene offerta.

L'atmosfera può essere legata in modo diretto ai luoghi in cui la struttura che offre l'esperienza è inserita o creata specificatamente all'interno degli eventuali eventi aggiuntivi che arricchiscono l'offerta primaria: eventi enogastronomici, eventi culturali, eventi espositivi, spettacoli di intrattenimento, servizi aggiuntivi offerti.

Di seguito alcuni esempi di strutture in cui il concetto di atmosfera è messo in risalto.

The Fifth Avenue Hotel, New York, USA

Situato nel cuore di Manhattan, questo hotel combina un design di alto livello con un'ampia offerta di esperienze culturali e artistiche. Gli interni, curati dallo studio di design Martin Brudnizki, sono pensati per creare un'atmosfera che delizia e coinvolge gli ospiti.

https://www.thefifthavenuehotel.com/

Ambiente, a Landscape Hotel, Sedona, Arizona, USA.

Progettato per fondersi con le iconiche rocce rosse di Sedona, questo hotel utilizza materiali naturali e design minimalista per creare un ambiente che esalta la bellezza

https://www.ambientesedona.com/

The Merrion, Dublino, Irlanda

Situato vicino al Trinity College e al National Museum, questo hotel di lusso offre camere spaziose e arredate con tessuti di alta qualità. L'atmosfera è ulteriormente arricchita da un lussuoso centro benessere.

https://www.merrionhotel.com/

Una volta fornite le definizioni che chiariscono il significato di turismo esperienziale e individuati i principi che sono alla base del concetto stesso di esperienza, può essere sicuramente utile individuare le tipologie di attività alle quali è possibile applicare tali principi, che costituiscono l'ambito di applicazione delle offerte esperienziali.

Nasce quindi quello che io chiamo il "Repertorio delle Attività Esperienziali", che può essere considerato come una classificazione delle attività esperienziali. Dal momento che lo studio è agli inizi e che in futuro potranno aggiungersi ulteriori categorie o sottocategorie, o ancora, valutare se spostare alcune attività da una categoria a un'altra, ho ipotizzato di assegnare al repertorio un numero di revisione che terrà conto dell'evoluzione nel tempo della classificazione data.

Repertorio delle Attività Esperienziali (Rev. 1.3):

- **Dinner Experience (DIE):** Esperienze enogastronomiche
    - o Show Cooking Experience
    - o Sensorial Dinner Experience
    - o Location Dinner Experience
    - o Narrative Dinner Experience
    - o Dinner Show Experience
    - o Art Dinner Experience
    - o School Dinner Experience
- **Guest Experience (GUE):** Esperienze legate al settore della ricettività
    - o Sensorial Guest Experience
    - o Narrative Guest Experience
    - o Location Guest Experience

- - - Seaside Village Experience
    - Farmhouse Experience
    - Glamping Experience
  - Integrative Guest Experience
- Cultural Heritage Experience (CHE): Esperienze legate al Patrimonio Culturale
  - Food and Wine Experience
  - Heritage Sides Experience
  - Intangible Cultural Heritage Experience
  - Cultural Expositive Experience
  - Museum/Ecomuseum Experience
  - Immersive Art Experience
  - Cultural Entertainment Experience
  - Cultural Learning Experience
  - Heritage Interpretation Experience
  - Roots Tourism Experience (Esperienze di Turismo delle Radici)
- Open Air Experience (OAE): Esperienze a stretto contatto con la natura o all'aperto, conosciuto anche con il termine Outdoor Experience
  - Trekkig and Hiking Experience
  - Bike Experience
  - Diving Experience
  - Speleology Experience
  - River Experience
  - Horse Experience
  - Donkey Experience
  - Animal Experience
  - Marine Life Experience
  - Flight Experience

- o   Fishing Tourism Experience (Pescaturismo)
- **Wellness Experience (WLE)**: Esperienze legate al Benessere psico fisico.
- **Entertainment and Show Experience (ESE)**: Esperienze ludiche nei diversi settori del turismo e del tempo libero
- **Sport Experience (SPE)**: Esperienze legate ad attività sportive: Attività dove gli ospiti partecipano in modo attivo praticando essi stessi sport.
- **Experiential Marketing (EMA)**: Esperienze prevalentemente a carattere commerciale offerte da Negozi, Shop Center, Eat & Drink, ecc.

La classificazione delle attività esperienziali non va vista in senso stretto in quanto un tipo di esperienza può rientrare in più di una categoria. Ad esempio, sono da considerarsi Open Air Experiences anche le Glamping Experiences ed in alcuni casi le Farmhouse Experiences che nell'attuale revisione del repertorio delle attività esperienziali, per motivi pratici e per risaltare l'aspetto legato alla ospitalità, sono stati inseriti all'interno della categoria Guest Experience. Analogo discorso per gli Sport Experiences, in particolare per quegli sport a diretto contatto con la natura per cui ho previsto, al momento una propria categoria. L'Open Air Experience ha comunque stretti contatti con molte altre esperienze in campo aperto inserite in altre categorie (Dinner Experiences sugli alberi o in mezzo alla natura, Cultural Heritage Experiences e Wellness Experiences in siti naturalistici, ecc.)

In molti casi il rapporto tra le diverse tipologie di esperienze è molto stretto come il caso delle Seaside Village Experiences (Ittiturismo), Dinner Experiences, Guest Experiences e Open Air Experience (Pescaturismo) la collocazione in una o l'altra categoria, è stata una scelta anche di comodo, cercando di tenere conto, in presenza di più approcci, quello prevalente. Nelle prossime revisioni potranno aggiungersi ulteriori categorie o sottocategorie, così come potrebbero esserci degli spostamenti tra una categoria e l'altra.

La versione aggiornata del Repertorio è consultabile al seguente indirizzo web:

https://www.itinerariesperienziali.it/repertorio-delle-attivita-esperienziali/

Possiamo pensare di suddividere le Guest Experience in due macro-tipologie non necessariamente distinte tra di loro:

- **Esperienze legate alla struttura**: Esperienze legate direttamente alla struttura ed alla atmosfera creata all'interno di essa e/o alla location costituita dall'ambiente esterno alla struttura. Possono essere usati **uno o più** dei seguenti approcci:
    - **Sensorial Guest Experience**: Esperienza di ospitalità incentrata in particolar modo sulla stimolazione dei sensi
    - **Narrative Guest Experience**: Esperienza di ospitalità caratterizzata da un tema ben definito: cultura e tradizioni, saperi e antichi mestieri, miti e leggende, aspetti naturali caratterizzanti il territorio, aspetti legati ai luoghi della memoria (eventi storici, letterari, filmici, ecc.)
    - **Location Guest Experience**: Esperienza di ospitalità incentrata in modo particolare su luoghi insoliti, spettacolari, a forte connotazione culturale o di significativa rilevanza nazionale o internazionale. Tale sottocategoria comprende anche le seguenti tipologie:
        - **Seaside Village Experience**: Esperienza di ospitalità che si concentra su piccole comunità situate lungo la costa
        - **Farmhouse Experience**: Esperienza di ospitalità in ambiente rurale
        - **Glamping Experience**: Esperienza di ospitalità in ambiente a stretto contatto con la natura
- **Integrative Guest Experience**: Esperienze offerte ad integrazione dell'ospitalità.
    - Esperienze Enogastronomiche
    - Eventi Culturali Esperienziali

o   Escursioni/Visite Guidate esperienziali

o   Servizi alla persona esperienziali (SPA e relax)

Possono coesistere diversi tipi di approccio, la Guest Experience può presentare contemporaneamente un approccio sensoriale, narrativo o inserito in una location particolare. Laddove possibile è comunque utile cercare di individuare quello che potrebbe essere considerato l'approccio prevalente.

Approfondiamo i diversi approcci.

Sensorial Guest Experience

L'approccio sensoriale punta ad una accurata progettazione dell'atmosfera, incentrata in particolar modo sulla stimolazione dei sensi, e creando spesso ambienti immersivi grazie anche all'aggiunta di elementi che arricchiscono l'esperienza. Una delle tecniche spesso usate è quella di introdurre aromi di sottofondo (**aromi atmosferici**) per creare, attraverso la multisensorialità, un clima particolare che serve a stimolare ricordi e associazioni mentali positive.

Diventano quindi strategici i seguenti aspetti:

- **Contesto ambientale**: Uso intelligente degli spazi (grandezza, forma collocazione degli arredi, degli impianti, utensili e delle attrezzature), illuminazione, colori, odori, suoni, ambienti immersivi ed altri stimoli sensoriali.

- **Segnaletica**: insegne, pannelli segnaletici, ecc. che devono essere gradevoli, chiari e coerenti con il tema ed il contesto ambientale.

- **Staff**: personale (comportamento, vestiario e linguaggio a tema e adeguato)

Indizi positivi (stimoli) consigliati

- Colori adeguati e coinvolgenti

- Aromi ambientali adeguati

- Suoni e musica di sottofondo

- Temperatura ideale e adeguata ai vari ambienti (reception, camere, spazi comuni, corridoi e servizi, eventuale centro benessere, ecc.)

- Tematizzazione, eventualmente anche a livello di singole aree e camere

- Materiali confortevoli per un reale comfort fisico e tattile (biancheria da letto, asciugamani, sedili, ecc.)

- Staff: personale (comportamento, vestiario e linguaggio a tema e adeguato)

Indizi negativi a cui fare attenzione

- Colori inadeguati ed eccessivi

- Odori sgradevoli

- Suoni e rumori estranei al contesto

- Musica di sottofondo a volume troppo alto o non adeguata al contesto

- Temperatura eccessivamente bassa o alta

- Materiali che ostacolano un reale comfort fisico e tattile (ruvidezza, cattivi odori, scomodi, non funzionanti, ecc.)

- Staff: personale (comportamento, vestiario e linguaggio non adeguato)

Non bisogna pensare che solo gli alberghi di lusso siano deputati a adottare l'approccio sensoriale e immersivo. Anche piccole strutture dell'ospitalità, attente all'estetica e che utilizzano stimoli sensoriali, possono essere in grado di offrire delle Sensorial Guest Experiences.

Alcuni casi di studio

Icehotel, Jukkasjärvi, Svezia

Un hotel completamente fatto di ghiaccio e neve, offrendo un'esperienza sensoriale unica, dove gli ospiti possono dormire in camere fatte interamente di ghiaccio.

https://www.icehotel.com/

Kakslauttanen Arctic Resort, Finlandia:

Gli ospiti possono soggiornare in igloo di vetro, godendo della vista delle aurore boreali in un ambiente confortevole.

https://www.itinerariesperienziali.it/directory_offerte/listing/kakslauttanen_arctic_resort/

La Location Guest Experience è caratterizzata dai luoghi caratterizzati da aspetti insoliti, spettacolari, a forte connotazione culturale o di significativa rilevanza nazionale o internazionale.

I due esempi precedentemente citati (Icehotel e Kakslauttanen Arctic Resort), oltre ad essere considerati "Sensorial Guest Experiences", possono essere definiti a tutti gli effetti anche come "'Location Guest Experiences".

Altri esempi

St. Regis Resort di Bora Bora

Il resort, essendo situato in una delle destinazioni più belle del mondo, l'isola tropicale di Bora Bora, con le sue ville sull'acqua e le viste sul Monte Otemanu, offre un'esperienza legata alla location che è davvero esclusiva.

https://www.itinerariesperienziali.it/directory-offerte/listing/st-regis-resort-di-bora-bora/

Sant'Angelo Luxury Resort

Il Sant'Angelo Luxury Resort è situato a Matera, in Italia, una città nota per i suoi storici "Sassi", antiche abitazioni scavate nella roccia. L'ubicazione unica e storica del resort offre un'esperienza legata alla location che è intrinsecamente legata alla cultura e alla storia del luogo.

https://www.itinerariesperienziali.it/directory-offerte/listing/santangelo-luxury-resort/

Sandals South Coast

Sandals South Coast è un resort tropicale fronte mare situato in Giamaica. Dai nuovissimi bungalow sull'acqua al bar e alla romantica cappella sempre sull'acqua, Sandals South Coast avvicina gli ospiti all'elemento acquatico più che mai. Il resort è situato su un tratto di due miglia della spiaggia di sabbia bianca della costa meridionale della Giamaica ed è immerso in una riserva naturale di 500 acri.

https://www.itinerariesperienziali.it/directory-offerte/listing/sandals-south-coast/

Hotel Conrad Abu Dhabi Etihad Towers

L'Hotel Conrad Abu Dhabi Etihad Towers è noto per il suo lusso e la sua posizione unica. Situato ad Abu Dhabi, negli Emirati Arabi Uniti, l'hotel fa parte del complesso Etihad Towers e offre una vista spettacolare sulla città e sul Golfo Persico.

https://www.itinerariesperienziali.it/directory-offerte/listing/hotel-conrad-abu-dhabi-etihad-towers/

Convento San Bartolomeo

Il relais Convento San Bartolomeo è una Dimora Storica situata a Piancastagnaio e precisamente alle pendici del monte Amiata. Si narra che lo stesso San Francesco d'Assisi abbia scelto il luogo per il primo Convento francescano di Castrum Plani Castagnarii.

https://www.itinerariesperienziali.it/directory-offerte/listing/convento-san-bartolomeo/

Cocoa Island by COMO, Maldive

Un resort di lusso che offre ville sull'acqua in un ambiente idilliaco con spiagge bianche e acque cristalline.

https://www.comohotels.com/maldives/como-cocoa-island

El Nido Resorts, Palawan, Filippine

Offre un'esperienza esclusiva in un paradiso tropicale, con attività come snorkeling e immersioni. La posizione unica del resort, con le sue ville sull'acqua e le viste sul Monte Otemanu, offre un'esperienza legata alla location che può considerarsi esclusiva.

https://www.elnidoresorts.com/

L'esperienza di ospitalità che si concentra su piccole comunità situate lungo la costa comprende ciò che in Italia è definito come Ittiturismo e Turismo nei Borghi Marinari. Una caratteristica di questo tipo di esperienza è l'essere legata a un turismo che valorizza le caratteristiche uniche dei piccoli villaggi costieri, quali la cultura locale, le tradizioni, la gastronomia, e spesso anche la natura incontaminata e i paesaggi pittoreschi.

La "Seaside Experience" rientrerebbe all'interno delle esperienze di natura culturale; aver inserito questa tipologia di esperienze tra le "Guest Experiences" vuole semplicemente sottolineare come l'approccio che spesso prevale sia quello dell'ospitalità.

Alcuni esempi:

Ittiturismo (Italia): Questa pratica, regolamentata anche a livello normativo in Italia, complementare alla pescaturismo e consiste nell'offrire servizi turistici quali l'ospitalità in case di pescatori ed in borghi marinari

Borghi Marinari: Visitare piccoli villaggi costieri che spesso offrono un'esperienza unica di scoperta di tradizioni, storia e gastronomia legate al mare e alla vita costiera.

Esperienze in Villaggi di Pescatori: In diverse parti del mondo, ci sono programmi e pacchetti turistici che permettono ai visitatori di soggiornare in villaggi di pescatori, imparando di più sulle loro vite, le tecniche di pesca, e la cucina locale.

Non entrando nel merito delle singole offerte ecco un elenco di luoghi che potrebbero offrire esempi di Seaside Village Experience:

- **Mahahual Village, Costa Maya:** tranquillo villaggio di pescatori con spiagge incontaminate e acque cristalline.
- **North Wildwood, New Jersey:** piccola città del New Jersey, con attrazioni come una parte del famoso lungomare di Wildwood e la storica Hereford Inlet Lighthouse.
- **Branscombe, Devon:** Situata lungo la Jurassic Coast, Branscombe è un pittoresco villaggio con case a tetto di paglia e un ruscello che attraversa prati ideali per picnic fino a un mulino ad acqua funzionante e poi al mare.
- **Oia, Santorini, Grecia:** villaggio famoso per i suoi tramonti spettacolari, case bianche e chiese a cupola blu.
- **Kalk Bay, Città del Capo, Sudafrica:** villaggio di pescatori con negozi di antiquariato, caffè, gallerie d'arte e mercati di pesce fresco.
- **Cadaqués, Spagna:** villaggio di pescatori con strette strade acciottolate, spiagge naturali e la casa dell'artista Salvador Dalí.
- **Tossa de Mar, Spagna:** villaggio medievale sulla Costa Brava con bellissime spiagge, , un castello e strade acciottolate.

Rientrano in questa categoria le esperienze legate all'ospitalità in ambiente rurale, tipiche degli agriturismi. È importante considerare che le esperienze agrituristiche, permettendo, quando organizzate adeguatamente, di immergersi nella quotidianità rurale e di entrare in contatto diretto con attività legate alla vita agricola (come la cura degli animali, la raccolta e la trasformazione dei prodotti agricoli, ecc.), potrebbero essere considerate tipiche attività Open Air. La loro collocazione all'interno della Guest Experience ha lo scopo di sottolineare l'aspetto dell'ospitalità

Los Poblanos Historic Inn & Organic Farm, Nuovo Messico, USA

Esperienza che offre un soggiorno in una fattoria in funzione con un'enfasi sulla cucina e l'agricoltura sostenibile.

https://lospoblanos.com/

Fairview Farm Log Cabins, Virginia, USA

Esperienza rilassante in fattoria con corsi di cucina, degustazioni di vino e viste panoramiche sulla campagna toscana.

https://www.fairviewfarmholidayaccommodation.co.uk/

Fattoria Barbialla Nuova, Toscana, Italia

Un agriturismo che offre esperienze autentiche, tra cui caccia al tartufo, passeggiate nella natura e cucina toscana.

https://www.barbialla.it/

Blue Hill at Stone Barns, New York, USA

Un'esperienza agrituristica che offre un ristorante di alta qualità e l'opportunità di esplorare la fattoria operativa.

https://www.bluehillfarm.com/

Agriturismo Fattoria Lavacchio, Toscana, Italia

Un'esperienza in fattoria con attività come la vendemmia, corsi di cucina e degustazioni di vino.

https://guardastelle.com/

L'ospitalità si svolge in ambienti a stretto contatto con la natura (tende, case sugli alberi, strutture trasparenti, torri e altri alloggi situati in diretto contatto con la natura). Le Glamping Experience possono essere considerate a tutti gli effetti delle Open Air Experience; la loro collocazione all'interno delle Guest Experience, similmente alle Farmhouse Experience, è motivata dalla volontà di sottolineare l'aspetto dell'ospitalità

Airstream Europe - Spagna

Offre un'esperienza unica soggiornando in roulotte Airstream in luoghi pittoreschi della Spagna.

https://www.airstreameurope.com/

Treehotel - Svezia

Propone alloggi unici e lussuosi nelle foreste della Svezia, con strutture che vanno dalle cabine sospese sugli alberi a "UFO" fluttuanti.

https://treehotel.se/en/

Whitepod - Svizzera

Consiste in pod geodetici (tende a cupola) che offrono lusso e comfort in mezzo alle Alpi svizzere, offrendo un'esperienza unica e sostenibile.

https://whitepod.com/

EcoCamp Patagonia - Cile

Offre domi geodetici in mezzo al Parco Nazionale Torres del Paine in Patagonia, con un forte accento su turismo sostenibile e avventuroso.

https://www.ecocamp.travel/

Four Seasons Tented Camp Golden Triangle - Thailandia

Un campo tendato di lusso che offre esperienze uniche, come safari sugli elefanti e crociere sul fiume, nel cuore della giungla thailandese.

https://www.fourseasons.com/goldentriangle/

Scarabeo Camp - Marocco

Tende di lusso nel deserto marocchino che offrono un mix di avventura e comfort, con attività come passeggiate sui cammelli e osservazione delle stelle.

https://www.scarabeocamp.com/

Galapagos Safari Camp - Ecuador

Un campo safari di lusso che offre tende africane con vista sull'oceano e un'esperienza unica di osservazione della fauna selvatica nelle Galapagos.

https://www.galapagossafaricamp.com/

Questo tipo di esperienza ricettiva è caratterizzato da un tema che incentrata su una narrazione legata ad aspetti quali ad esempio: cultura e tradizioni, saperi e antichi mestieri, miti e leggende, aspetti naturali caratterizzanti il territorio, aspetti legati ai luoghi della memoria (eventi storici, letterari, filmici, ecc.)

Murales Art Hotel

Hotel dedicato all'arte dei Murales, vero e proprio museo decorato da artisti di fama internazionale per celebrare il Made in Italy.

https://www.itinerariesperienziali.it/directory-offerte/listing/muraless-art-hotel/

My Arbor Hotel

Interamente ispirata al fascino benefico del bosco

https://www.itinerariesperienziali.it/directory-offerte/listing/my-arbor-hotel-bolzano/

The Wizarding World of Harry Potter - Universal Studios, Orlando, USA

Gli ospiti possono sperimentare la magia del mondo di Harry Potter, con attrazioni, negozi e ristoranti ispirati alla serie di libri e film.

https://www.universalorlando.com/web/en/us/theme-parks/universal-studios-florida/the-wizarding-world-of-harry-potter-diagon-alley

Hobbiton Movie Set - Matamata, Nuova Zelanda

Il mondo de "Il Signore degli Anelli" e "Lo Hobbit". Gli ospiti possono esplorare le riproduzioni delle case degli Hobbit e altri set cinematografici, e godersi un banchetto al Green Dragon Inn.

https://www.hobbitontours.com/

Ashford Castle - County Mayo, Irlanda

Soggiorno in un castello storico. Gli ospiti possono vivere come la nobiltà in un castello autentico, con attività come falconeria e passeggiate a cavallo.

https://ashfordcastle.com/

The Queen Mary - Long Beach, California, USA

Vita a bordo di un transatlantico storico. Gli ospiti soggiornano su un transatlantico storico, con tour e attrazioni che raccontano la storia del vascello.

https://queenmary.com/

Le esperienze offerte, sotto forma di servizi aggiuntivi, integrano l'ospitalità per arricchire il soggiorno degli ospiti. Queste esperienze possono includere una o più attività elencate nel "Repertorio delle Attività Esperienziali" al capitolo 1.3.

È fondamentale sottolineare che per definire una vera "Integrative Guest Experience", i principi esperienziali non devono essere applicati solo alle esperienze esterne come servizi aggiuntivi, ma devono essere ampiamente integrati anche nella struttura ricettiva stessa. In particolare, i principi legati alla multisensorialità (1) all'approccio relazionale (4) e all'approccio estetico (8).

Di seguito una breve descrizione delle varie attività esperienziali, rimandando al primo volume, per gli esempi operativi e ad eventuali volumi futuri in cui approfondirò le singole categorie del repertorio.

Dinner Experience (DIE)

L'atmosfera e la multisensorialità sono alcuni degli elementi essenziali per proporre quelli che vengono definiti pasti esperienziali. Di norma, tali pasti possono basarsi su vari approcci, nei quali ci si concentra su alcuni elementi caratterizzanti l'esperienza.

Un elenco non esaustivo di approcci (tipologie di esperienze enogastronomiche):

- **Dimostrativo (Show Cooking):** L'esperienza è incentrata sulla presentazione che può essere spettacolare o teatrale dei piatti o di alcune fasi legate alla preparazione dei piatti. (Es. impiattamento teatrale)

- **Sensoriale (Sensorial Dinner):** L'esperienza, grazie ad una attenta e accurata progettazione dell'atmosfera, è incentrata in particolar modo sulla stimolazione di alcuni sensi (udito, tatto, vista, gusto, olfatto)

- **Location (Location Dinner):** L'esperienza è incentrata in modo particolare su luoghi insoliti, spettacolari, a forte connotazione culturale o di significativa rilevanza nazionale o internazionale

- **Narrativo (Narrative Dinner)**: L'esperienza è caratterizzata da un tema ben definito che incentrata su una narrazione attraverso aspetti quali ad esempio: cultura e tradizioni, saperi e antichi mestieri, miti e leggende, aspetti naturali caratterizzanti il territorio, aspetti legati ai luoghi della memoria (eventi storici, letterari, filmici, ecc.)

- **Intrattenimento (Dinner Show)**: L'esperienza è incentrata su eventi a carattere prevalentemente di intrattenimento (spettacolo teatrale, spettacolo musicale, giochi e spettacoli di magia, ecc.)

- **Espositivo (Art Dinner)**: L'esperienza è incentrata su eventi espositivi (pittura, fotografia, arte contemporanea, ecc.)

- **Formativo (School Dinner)**: L'esperienza è associata ad un corso di cucina ed in genere legata ai prodotti tipici

I diversi approcci non sono necessariamente distinti, in quanto spesso sono presenti contemporaneamente. Ad esempio, un pranzo esperienziale legato a un determinato evento storico potrebbe utilizzare diversi approcci simultaneamente: narrativo, intrattenimento, espositivo e sensoriale, e potrebbe avvenire nella stessa location dove si è svolto l'evento storico che ha ispirato l'esperienza che si vuole proporre. Nel caso della presenza di più approcci, può essere utile, al fine di una prima classificazione, individuare l'approccio prevalente.

Così come in altri tipi di esperienze, i diversi approcci possono essere visti da diversi punti di vista. Ad esempio, gli approcci narrativo, intrattenimento, espositivo e educativo possono essere considerati come aspetti che rafforzano l'esperienza enogastronomica, intesa come elemento centrale di riferimento, oppure può avvenire il contrario: l'esperienza enogastronomica serve ad arricchire l'evento (narrativo, culturale, educativo).

Le esperienze legate alle visite di monumenti e siti di interesse culturale hanno come scopo principale la fruizione del Patrimonio Culturale e l'immersione nello stile di vita locale e in tutto ciò che ne costituisce l'identità e il carattere. Il patrimonio culturale può essere sia materiale, come monumenti, siti storici ed archeologici, sia immateriale, come feste, tradizioni, espressioni locali ed eventi culturali.

La Cultural Heritage Experience è spesso intrecciata con le altre tipologie di esperienze trattate in questo volume; pertanto, una esperienza culturale può in molti casi, rientrare benissimo in altre categorie affrontate.

Le Cultural Heritage Experience, comprendo un vasto ventaglio di esperienze, una prima classificazione, che inserisce un ulteriore elemento di differenziazione potrebbe tener conto delle diverse narrazioni possibili che riguardano uno o più temi specifici quali ad esempio:

- **Enogastronomico (Food and Wine Experience):** L'esperienza è incentrata prevalentemente sugli aspetti legati alla gastronomia o a eventi territoriali incentrati sulla gastronomia locale (fiere, festival del cibo, ecc.)

- **Location (Heritage Sides Experience):** L'esperienza è incentrata in modo particolare sulla visita di luoghi di interesse storico, archeologico, paesaggistico e naturalistico. Sono comprese le visite dei borghi, dei centri storici e dei luoghi con particolari riconoscimenti nazionali e internazionali (Siti Patrimonio dell'Umanità, Città Creative, Capitali della Cultura, ecc.)

- **Patrimonio Immateriale (Intangible Cultural Heritage Experience):** L'esperienza è incentrata sul Patrimonio Culturale Immateriale:
  - Cultura e tradizioni
  - Artigianato artistico (HandMade Experience)
  - Saperi e antichi mestieri

- o Miti e leggende
  - o Aspetti legati ai luoghi della memoria (eventi storici, religiosi, letterari, filmici, ecc.)

- **Espositivo (Cultural Exspositive Experience):** L'esperienza è incentrata su mostre ed eventi espositivi (pittura, fotografia, arte, allestimenti museali ed ecomuseali, ecc.) All'interno di questa classe rientrano le seguenti sottoclassi:
  - o Museum/Ecomuseum Experience
  - o Immersive Art Experience

- **Intrattenimento (Cultural Entertainment Experience):** L'esperienza è incentrata su eventi a carattere prevalentemente di intrattenimento (spettacolo teatrale, musicale, giochi, ecc.)

  - **Apprendimento (Cultural Learning Experience):** L'esperienza è associata a forme di apprendimento come possono essere: cucina tipica locale, artigianato artistico, o legata a visite scolastiche e didattiche ecc.

  - **Interpretazione del Patrimonio Culturale (Heritage Interpretation Experience):** L'esperienza è basata sul concetto di Interpretazione del patrimonio culturale ed è collegabile, dal punto di vista tematico, alle altre tipologie descritte.

I diversi approcci tematici non sono necessariamente distinti in quanto spesso sono presenti, contemporaneamente. In questi casi in genere si considera l'approccio prevalente come approccio primario e tutti gli altri secondari

Un esempio: una visita guidata che prevede un pranzo esperienziale legato ad un determinato evento storico potrebbe contemporaneamente utilizzare diversi approcci contemporaneamente: narrativo, intrattenimento, espositivo, sensoriale e avvenire nella stessa location dove è avvenuto l'evento storico che ha dato lo spunto all'esperienza che si vuole proporre.

All'interno delle Cultural Heritage Experience mi piace mettere in evidenza due tipologie di esperienze legate all'approccio espositivo ma come una forte connotazione legata alla natura della struttura espositiva (musei ed ecomusei), modo e tipo di esposizione (mostre immersive) e aspetti legati all'artigianato artistico.

Una ulteriore tipologia di esperienza che ho voluto mettere in risalto, rientrante nella "Intangible Cultural Experience" è quella legata all'artigianato artistico (HandMade Experience)

Il risultato è quindi che la seguente classificazione:

Cultural Heritage Experience (CHE)

- **Food and Wine Experience**: Esplorazione e celebrazione dell'enogastronomia locale.

- **Heritage Sides Experience**: Visite e scoperte di luoghi di interesse storico, archeologico, paesaggistico, naturale e di luoghi con particolari riconoscimenti nazionali e internazionali.

- **Intangible Cultural Heritage Experience**: Esperienze incentrate sul patrimonio culturale immateriale, che includono:
    - o HandMade Experience: Focalizzata sull'artigianato artistico e le abilità manuali.

- **Cultural Expositive Experience**: Esperienze legate a mostre ed eventi espositivi, con sottocategorie quali:
    - o Museum/Ecomuseum Experience: Visite e interazioni con musei ed ecomusei.
    - o Immersive Art Experience: Esposizioni d'arte che offrono un'esperienza immersiva al visitatore.

- **Cultural Entertainment Experience**: Eventi culturali con un elemento predominante di intrattenimento.

- **Cultural Learning Experience**: Esperienze che offrono opportunità di apprendimento.

- **Heritage Interpretation Experience**: Esperienze basate sul concetto di Interpretazione del Patrimonio Culturale (Heritage Interpretation).

Esperienza a stretto contatto con la natura o all'aperto, conosciuto anche con il termine Outdoor Experience.

Le Open Air Experiences possono offrire una varietà di attività e sono spesso personalizzabili in base alle preferenze e alle abilità dei partecipanti. Queste esperienze permettono di connettersi con la natura, esplorare ambienti unici e partecipare a attività che possono essere sia rilassanti che avventurose. Inoltre, le Open Air Experiences possono anche essere combinate con elementi culturali, storici o gastronomici del luogo, creando un'esperienza turistica completa e coinvolgente.

Le **Open Air Experiences** possono quindi includere una vasta gamma di attività, come:

- **Trekking and Hiking Experience**: Esplorazione di sentieri e percorsi naturali attraverso la camminata o l'escursionismo.

- **Bike Experience**: Percorsi ciclabili e tour in bicicletta attraverso diverse tipologie di paesaggi.

- **Diving Experience**: Esplorazione subacquea di barriere coralline, relitti e altre meraviglie sottomarine.

- **Speleology Experience**: Esplorazione di grotte e cavità sotterranee.

- **River Experience**: Esperienza legata a varie attività o iniziative caratterizzate dall'aspetto fluviale, possono comprendere escursioni naturalistiche lungo i fiumi, osservazione della fauna selvatica, e visite a siti storici o culturali lungo il fiume.

- **Horse Experience**: Escursioni a cavallo attraverso vari terreni e paesaggi.

- **Donkey Experience**: Passeggiate e trekking in compagnia di asini, spesso utilizzati per portare i bagagli.

- **Animal Experience**: Interazioni e osservazioni di fauna selvatica in un ambiente naturale.

- **Marine Life Experience**: Esplorazione della vita marina attraverso snorkeling, immersioni o gite in barca.

- **Flight Experience**: Esperienze di volo

- **Fishing Tourism Experience (Pescaturismo)**: Esperienze di pesca che possono includere la partecipazione a attività di pesca tradizionale.

Le Glamping Experiences e, in alcuni casi, le Farmhouse Experiences sono da considerarsi Open Air Experiences, sebbene nell'attuale versione del repertorio delle attività esperienziali (Ver. 1.3) per motivi pratici e per enfatizzare l'aspetto legato all'ospitalità, siano state inserite all'interno della categoria Guest Experience. Un discorso analogo vale per gli Sport Experience, in particolare per quegli sport a diretto contatto con la natura, per i quali è prevista, al momento, una propria categoria. L'Open Air Experience mantiene comunque stretti contatti con molte altre esperienze in campo aperto inserite in altre categorie, come Dinner Experience sugli alberi o in mezzo alla natura, Cultural Heritage Experience e Wellness Experience in siti naturalistici, ecc.

Wellness Experience (WLE)

Esperienze legate al Benessere psico fisico. E' opportuno considerare i casi in cui la Wellness Experience è primaria dai casi in cui è secondaria ad altre tipologie di esperienze, potremmo effettuare le seguenti distinzioni:

- **Primary Wellness Experience:** l'esperienza del benessere è l'aspetto prevalente dell'offerta (è il caso ad esempio, di alcune SPA, Centri termali e Servizi per la cura del corpo).
- **Secondary Wellness Experience:** l'esperienza del benessere è inclusa in altre forme di esperienze considerate prevalenti (Guest Experience, Open Air Experience, Sport Experience, Dinner Experience, ecc.)

Entertainment and Show Experience (ESE)

Esperienze la cui offerta primaria è costituita da attività di intrattenimento e spettacoli.

L'Entertainment and Show Experience (ESE) costituisce una vasta gamma di esperienze turistiche e di svago, con un focus principale su varie forme di spettacolo e divertimento. Tali esperienze possono abbracciare eventi dal vivo, quali concerti, rappresentazioni teatrali e performance artistiche, ma anche attrazioni più consolidate e stabili, come parchi tematici e centri di divertimento per famiglie.

Esperienze focalizzate sull'attività fisica e sportiva, nelle quali i partecipanti sono direttamente coinvolti in eventi e attività legate allo sport in questione. In alcuni casi, le Sport Experiences possono anche includere la partecipazione a eventi sportivi esclusivi, sia locali che internazionali.

Le Sport Experiences sono spesso in stretta correlazione con altre categorie di esperienze, soprattutto con la Open Air Experience, in particolare per quegli sport a diretto contatto con la natura.

Alcune possibili sottocategorie di Sport Experience:

- **Active Participation Experiences:** Esperienze che coinvolgono direttamente i partecipanti in attività sportive, come corsi di surf, escursioni in mountain bike, o lezioni di arrampicata.

- **Spectator Experiences:** Esperienze che coinvolgono indirettamente i partecipanti che sono spettatori di eventi sportivi, comunque, unici e con forte impatto emotivo

- **Learning and Training Experiences:** Esperienze che offrono formazione e apprendimento in un determinato sport.

- **Adventure Sports Experiences:** Esperienze che coinvolgono sport avventurosi e adrenalinici, come paracadutismo, rafting, o immersioni subacquee.

2. Principi Esperienziali e Guest Experience

Approfondiamo i dieci principi del Percorso Esperienziale applicandoli alla Guest Experience chiarendoli con esempi operativi e casi di studio reali.

2.1. Multisensorialità

Principio 1: Multisensorialità

Il percorso esperienziale deve prevedere attività di tipo multisensoriale (coinvolgimento dei sensi: vista, udito, tatto, olfatto e laddove possibile, gusto).

Un'esperienza multisensoriale coinvolge più sensi, anche senza la partecipazione diretta degli ospiti nelle attività. Questo principio, anche se non endogeno per la Guest Experience, può essere applicato tramite alcuni accorgimenti strategici.

Vista

- **Design degli Ambienti**: L'uso attento del design degli interni, una adeguata illuminazione e la scelta di colori destinati a rafforzare il messaggio che si vuole dare all'ospite possono creare un ambiente visivamente stimolante. Ad esempio, l'utilizzo di piante, opere d'arte (quadri, sculture, fotografie e oggetti dell'artigianato) e decorazioni tematiche che rispecchiano l'identità del luogo possono arricchire l'esperienza visiva degli ospiti. Una struttura ricettiva situata in una regione vinicola potrebbe tematizzare gli interni decorando le sue stanze e le aree comuni con elementi che richiamano la cultura del vino, come botti di legno, fotografie di vigneti e colori che richiamano la cultura del vino.

- **Illuminazione**: è opportuno tenere conto di come l'illuminazione, se ben progettata, possa influenzare positivamente l'esperienza dell'ospite. L'utilizzo di grandi finestre e lucernai può massimizzare gli effetti della luce naturale che, a meno che non sia eccessiva, può contribuire a migliorare, l'esperienza utente. L'illuminazione artificiale va adeguatamente pianificata, ad esempio luci calde e soffuse nelle camere e nelle aree di relax possono contribuire a creare un'atmosfera accogliente e rilassante. Anche le luci decorative se usate in modo adeguato, come lampade e supporti di design, candele, luci integrate nella mobilia e nei soffitti, può aggiungere un tocco di eleganza e raffinatezza gradevoli alla vista.

- **Presentazione del Cibo**: La presentazione estetica dei piatti, con attenzione ai dettagli e alla creatività, può rendere ogni pasto un'esperienza visiva oltre che gustativa. La presentazione può essere spettacolare o teatrale dei piatti o di alcune fasi legate alla preparazione dei piatti. Ho parlato di questo aspetto nel volume "Turismo e Marketing Esperienziale"[2]

Psicologia dei Colori

La psicologia dei colori dovrebbe essere presa in seria considerazione nel settore dell'ospitalità, in quanto può influenzare l'umore e le percezioni degli ospiti. Bisogna inoltre considerare che le reazioni ai colori possono variare a seconda del contesto culturale. A questo aspetto è opportuno fare attenzione quando si progettano spazi per ospiti internazionali.

Un altro aspetto da prendere in considerazione è la coerenza dei colori con la cultura locale e il tema dell'esperienza. Per esempio, in una struttura situata in un'arca costicra, colori come l'azzurro, il bianco e il color sabbia possono evocare il mare e la spiaggia.

---

[2] Ignazio Caloggero: Turismo e Marketing Esperienziale. 2023 Edizione Centro Studi Helios

Prendiamo in considerazione alcuni dei colori più usati:

- **Rosso**: In molte culture asiatiche, il rosso è associato a significati positivi come la **fortuna**, la **prosperità** e la **gioia**. E' altrettanto vero che il rosso può essere associato alla rabbia o al pericolo per cui è opportuno dosare con intelligenza tale colore soprattutto nelle camere degli ospiti.

- **Bianco**: Il bianco è ideale per gli spazi aperti e ariosi mentre in quelli interni, ad esempio nelle camere se eccessivo può dare un senso di sterilità, per cui conviene in alcuni casi abbinare il bianco a colori più vivaci. In alcune culture, il bianco è associato al lutto e alla tristezza, mentre in altre simboleggia purezza, semplicità, pace, pulizia e dare un senso di spazialità.

- **Nero e Viola**: Sebbene possano rappresentare eleganza, lusso, sofisticazione, mistero e spiritualità in molte culture, in altre possono essere associati al lutto e alla morte. Per cui se si decide di utilizzarli è opportuno combinarli con altri colori per evitare effetti che per alcuni potrebbero essere opprimenti.

- **Verde:** Il verde può essere utilizzato nelle aree comuni, nei giardini interni e nelle spa per creare un'atmosfera rilassante e rinfrescante. È particolarmente adatto per le strutture dell'ospitalità che vogliono sottolineare la sostenibilità e l'attenzione alla natura. Le piante e i dettagli verdi possono aiutare a connettere gli ospiti con la natura ed il concetto di sostenibilità.

- **Blu:** Il Blu è spesso associato ai concetti di Calma, fiducia, serenità ed è particolarmente adatto, se non in contrasto con il tema scelto, per le camere degli ospiti e le aree spa, poiché induce una sensazione di tranquillità e relax. Nelle aree di business, come le sale conferenze, il blu può trasmettere professionalità.

Ecco alcuni esempi di strutture dell'ospitalità che puntano molto sull'importanza della vista intesa come elemento multisensoriale.

Saffire Freycinet, Tasmania, Australia

Un resort di lusso progettato per armonizzarsi con il paesaggio naturale circostante, offrendo viste mozzafiato sulla Penisola di Freycinet. L'uso di materiali naturali e una pianificazione attenta dell'illuminazione creano un ambiente rilassante e visivamente stimolante. Da evidenziare la finestra di elementi che puntano sulla "vista": Grandi finestre, illuminazione naturale, design ispirato alla natura.

https://www.itinerariesperienziali.it/directory-offerte/listing/saffire-freycinet-tasmania-australia/

The Silo Hotel, Città del Capo, Sudafrica

Situato in un ex silo per il grano, questo hotel offre una vista panoramica sulla città e sull'oceano. Il design degli interni è audace e moderno, con ampie finestre che permettono alla luce naturale di inondare gli spazi, e una collezione di opere d'arte contemporanea che arricchisce l'esperienza visiva.

https://www.itinerariesperienziali.it/directory-offerte/listing/the-silo-hotel-citta-del-capo-sudafrica/

Aman Tokyo, Giappone

Questo hotel di lusso offre un design minimalista che riflette l'estetica giapponese, con un'attenzione particolare all'uso della luce e delle ombre. Le ampie finestre offrono viste spettacolari sulla città, e l'uso di materiali naturali e decorazioni sobrie contribuiscono a creare un ambiente tranquillo e raffinato.

https://www.itinerariesperienziali.it/directory-offerte/listing/aman-tokyo-giappone/

L'udito e in particolare i suoni possono influenzare l'esperienza degli ospiti, infatti, possono incidere in modo positivo o negativo sul nostro stato d'animo.

Musica di Sottofondo

La scelta della musica di sottofondo deve essere attentamente curata in base all'ambiente, all'ora del giorno al tema scelto o al luogo in cui risiede la struttura.

- **Aree Comuni**: Nelle aree comuni, come la reception e le lounge, melodie rilassanti e neutrali possono creare un'atmosfera accogliente e rassicurante. Jazz soft, musica classica leggera o acustica possono essere scelte appropriate.

- **Ristoranti**: La musica nei ristoranti deve essere piacevole ma non invasiva, contribuendo a un'esperienza culinaria raffinata. Durante la colazione, melodie più vivaci e fresche possono aiutare a iniziare la giornata con energia, mentre a cena si potrebbe optare per musica più lenta e rilassante.

- **Bar e Lounge**: In questi spazi, la musica può variare a seconda del tema del locale e dell'orario. Musica lounge, deep house o bossa nova possono creare un ambiente sofisticato e rilassante.

- **Spa e Centri Benessere**: Nei centri benessere, suoni della natura come onde del mare, pioggia leggera e vento tra gli alberi possono migliorare l'esperienza di rilassamento.

- **Aree Esterne**: Nei giardini, nei cortili e nelle aree relax all'aperto, il suono dell'acqua che scorre, il cinguettio degli uccelli e il fruscio delle foglie possono contribuire a creare un ambiente sereno e naturale

- **Il "Suono del Silenzio"**: Il silenzio è spesso il miglior alleato per il rilassamento. Nelle aree dedicate al benessere, come le spa e le sale per trattamenti, il silenzio o suoni molto leggeri possono aiutare gli ospiti a rilassarsi profondamente. Assicurare un adeguato isolamento acustico nelle camere degli ospiti è essenziale per garantire un buon riposo. L'assenza di rumori fastidiosi provenienti dall'esterno o da altre stanze può migliorare significativamente la qualità del sonno degli ospiti.

Altri aspetti

Personalizzazione della Musica

Offrire agli ospiti la possibilità di personalizzare il sottofondo musicale della loro stanza può essere un valore aggiunto all'esperienza:

- **Sistemi di Sound Control**: Installare sistemi che permettono agli ospiti di scegliere la musica o i suoni che preferiscono ascoltare durante il loro soggiorno.
- **Playlist Tematiche**: Fornire playlist predefinite che gli ospiti possono selezionare in base al loro umore o attività, come "Relax", "Energize", "Focus", ecc.

Eventi e Conferenze

Durante eventi speciali o conferenze, la musica può essere utilizzata per impostare il tono e mantenere l'energia dell'evento. Personalizzare la musica in base al tema dell'evento e al pubblico presente per migliorare lo stimolo di appartenenza.

Esperienze Sensoriali Uditive

Un aspetto arricchente dell'esperienza dell'ospite è quella di integrare, laddove possibile eventi musicali come serate dal vivo musicali o attività come lezioni di yoga con sottofondo musicale, meditazioni guidate con suoni della natura o cene tematiche con accompagnamento musicale.

La musica e l'intero ambiente sonoro possono avere un impatto significativo sui comportamenti e sulle percezioni degli ospiti nel settore dell'ospitalità. Di seguito, alcuni esempi di come la musica possa influenzare l'esperienza degli ospiti:

- La musica di sottofondo eccessiva può essere un disturbo, oltre a non facilitare a volte, la semplice comunicazione tra gli ospiti. Questo è particolarmente problematico nelle aree comuni come la reception, le lounge o i ristoranti, dove gli ospiti potrebbero voler conversare tranquillamente. Mantenere un volume moderato e scegliere melodie che non distraggano può creare un ambiente più piacevole e accogliente.

- La musica ad alto volume e ritmata tende a creare una atmosfera che porta a ridurre i tempi di permanenza. Questo approccio può essere utilizzato strategicamente in aree come bar o aree di colazione dove si desidera un turnover più rapido, ad esempio durante le ore di punta.

- La musica classica crea un'atmosfera rilassante e sofisticata, tende a far rimanere di più e far predisporre il cliente a pagare di più il servizio. Questa scelta è ideale per le aree di relax, come spa, biblioteche, lounge e ristoranti di alta classe.

Ovviamente il tipo di musica deve adattarsi anche al contesto e all'immagine della struttura. Ad esempio, un hotel boutique potrebbe optare per una playlist di musica indie o jazz, mentre un resort tropicale potrebbe scegliere musica reggae o suoni della natura. Creare playlist tematiche che riflettano l'identità della struttura e le aspettative degli ospiti può migliorare la coerenza dell'esperienza.

I suoni possono costituire:

- **stimoli positivi**: creano aspettative e migliorano la permanenza degli ospiti
- **stimoli negativi**: sono percepiti come fonte di disturbo e distolgono l'attenzione dagli aspetti che dovrebbero costituire la base delle esperienze.

Alcuni esempi

Stimoli positivi

- Il suono del macinino che prepara il caffè fresco (se non troppo forte e con frequenza non eccessivamente alte) può evocare sensazioni di qualità e autenticità. È un suono che molti associano a un'esperienza piacevole e a un buon inizio di giornata.
- Il suono del legno che brucia in un camino può creare un'atmosfera accogliente e calda. Nelle lounge o nelle aree relax degli hotel durante l'inverno, questo suono può contribuire a un ambiente confortevole e rilassante.
- Il suono dell'acqua che scorre, come fontane o cascate, può avere un effetto calmante e rilassante sugli ospiti. In un centro benessere o nei giardini di un hotel, questo suono può migliorare l'esperienza di tranquillità e relax.
- Una musica di sottofondo leggera, come jazz, bossa nova o musica classica, può creare un ambiente piacevole senza essere invadente. Nei ristoranti durante il pranzo o la cena, questa musica può migliorare l'atmosfera senza interferire con le conversazioni.
- Suoni naturali come il cinguettio degli uccelli, il fruscio delle foglie o le onde del mare possono migliorare il senso di connessione con l'ambiente. In hotel situati in aree naturali, l'integrazione di questi suoni può migliorare l'esperienza degli ospiti, rendendola più autentica e rilassante.

Stimoli negativi

- Il suono del microonde che segnala la fine del riscaldamento può risultare fuori luogo e poco professionale, soprattutto in contesti di alta classe. In un ristorante di lusso, questo suono può far percepire una mancanza di qualità nella preparazione dei cibi, compromettendo l'esperienza degli ospiti.

- Rumori forti e prolungati come quelli di trapani, martelli o attrezzature da costruzione possono disturbare gravemente gli ospiti. Se un hotel sta effettuando lavori di ristrutturazione, questi rumori possono interferire con il riposo e il relax degli ospiti.

- Il suono dei televisori ad alto volume proveniente da altre stanze o dalle aree comuni può essere molto disturbante. In un hotel, se i suoni dei televisori delle camere adiacenti sono facilmente udibili, gli ospiti potrebbero trovare difficile rilassarsi o dormire.

- Rumori come aspirapolvere, carrelli delle pulizie e conversazioni rumorose del personale possono essere fastidiosi. Durante le ore di riposo, questi rumori possono disturbare gli ospiti che desiderano tranquillità.

- Suoni forti come quelli delle fruste elettriche, sbattitori o pentole che cadono possono risultare spiacevoli. In una sala da pranzo elegante, questi suoni possono distrarre gli ospiti e ridurre la percezione di un ambiente raffinato.

- Il rumore di fondo, se eccessivo può essere fonte di disturbo per gli ospiti. Potrebbe essere utile individuare tecnologie adeguati quali utilizzo di materiali fonoassorbenti nelle pareti e nei pavimenti per ridurre il riverbero e il rumore di fondo o utilizzare impianti di aria condizionata e altri sistemi meccanici progettati per operare silenziosamente.

La sensazione fisica degli ambienti, degli arredi e delle attività può influenzare significativamente il comfort e la soddisfazione degli ospiti attraverso una intelligente stimolazione tattile.

Ecco alcuni esempi:

- **Arredi Confortevoli**: La scelta di materiali piacevoli al tatto per arredi, biancheria e accessori contribuisce al comfort degli ospiti. L'uso di tessuti morbidi e di alta qualità per biancheria da letto, cuscini, tende e tappezzerie può creare un ambiente accogliente e contribuire ad una esperienza tattile che rimane impressa negli ospiti. Utilizzare similpelle per poltrone e divani può in alcuni casi. aggiungere un tocco di eleganza e comfort. Questi materiali devono ovviamente essere ben mantenuti per conservare la loro piacevolezza al tatto.

- **Letti Morbidi**: Materassi in memory foam e toppers posizionati sul letto, al di sopra al materasso possono migliorare significativamente la qualità del sonno degli ospiti. L'uso di cuscini ergonomici e di vari livelli di morbidezza permette agli ospiti di scegliere secondo le loro preferenze.

- **Asciugamani Soffici**: Asciugamani e accappatoi morbidi possono migliorare l'esperienza di comfort nei bagni e nelle spa.

- **Sedie e Poltrone**: Arredi ergonomici che offrono supporto adeguato possono fare una grande differenza nel comfort degli ospiti. Sedie da scrivania ergonomiche, poltrone lounge con supporto lombare e divani accoglienti possono rendere gli spazi più utilizzabili e confortevoli.

- **Design Funzionale**: Arredi progettati per l'ergonomia e l'uso intuitivo contribuiscono ad una gradevole esperienza tattile. Ad esempio, letti con testate imbottite, tavolini a misura e armadi facilmente accessibili migliorano la funzionalità degli spazi.

- **Decorazioni e Accessori**: L'utilizzo di decorazioni che invitino al tocco, come cuscini decorativi in velluto, tappeti soffici e altri accessori tattili possono rendere l'ambiente più accogliente.

- **Accessori da Bagno**: Fornire prodotti da bagno che includano saponi cremosi e lozioni idratanti può migliorare l'esperienza del bagno degli ospiti.

Esperienze Tattili

Attività integrative offerti dalla struttura ricettiva che coinvolgono il tatto, possono arricchire l'esperienza degli ospiti. Alcuni esempi:

- **Trattamenti Spa**: Offrire una gamma di trattamenti che includano massaggi rilassanti, terapeutici e hot stone può migliorare significativamente l'esperienza degli ospiti.

- **Ambiente Spa**: Creare un ambiente spa che includa superfici tattili piacevoli come pietre levigate, pavimenti in legno naturale e tessuti morbidi per i lettini da massaggio contribuisce a un'esperienza olistica di benessere.

- **Escursioni e Attività Outdoor**: Durante le eventuali escursioni offerte, incoraggiare gli ospiti a interagire con l'ambiente naturale, come toccare piante, fiori, rocce e acqua.

- **Laboratori di Artigianato**: Organizzare laboratori in cui gli ospiti possono lavorare con materiali naturali come argilla, legno, tessuti e piante. Attività come la ceramica, l'intaglio del legno, la tessitura e la preparazione di erbe aromatiche possono essere arricchenti e terapeutiche.

- **Giochi e Attività Sensoriali**
    - **Percorsi Sensoriali**: Installare percorsi sensoriali che coinvolgano il tatto, come camminate a piedi nudi su diverse superfici (sabbia, erba, ciottoli) per stimolare i sensi.

- o **Stanze Sensoriali**: Creare stanze sensoriali con vari materiali da toccare, come tende di velluto, palline antistress e superfici tattili diverse.
- **Esperienze Gastronomiche**
  - o **Cene Sensoriali**: Organizzare cene dove gli ospiti possono toccare e manipolare il cibo, come preparare il sushi, fare il pane o assemblare insalate gourmet.
  - o **Degustazioni al Buio**: Esperienze in cui gli ospiti mangiano al buio, enfatizzando l'uso del tatto e degli altri sensi per percepire il cibo.

Ecco alcuni esempi di strutture dell'ospitalità che puntano molto sull'importanza del tatto, visto come elemento multisensoriale.

The Westin Maui Resort & Spa, Hawaii

Questo resort offre un'esperienza tattile attraverso il suo centro benessere, che include massaggi rilassanti e trattamenti di bellezza. Le camere sono dotate di tessuti di alta qualità, inclusi biancheria da letto morbida e accappatoi soffici. Gli ospiti possono anche godere di passeggiate nei giardini lussureggianti, che offrono una varietà di texture naturali.

https://www.itinerariesperienziali.it/directory-offerte/listing/the-westin-maui-resort-spa-hawaii/

Six Senses Douro Valley, Portogallo

Questo resort incorpora esperienze tattili attraverso le sue sessioni di yoga all'aperto e i trattamenti benessere che utilizzano prodotti naturali locali. Gli ospiti possono anche esplorare i vigneti circostanti e partecipare a raccolte e degustazioni, sentendo la terra e le piante sotto le mani.

https://www.itinerariesperienziali.it/directory-offerte/listing/six-senses-douro-valley-portogallo/

The Oberoi Udaivilas, India

Gli ospiti possono godere di esperienze tattili attraverso l'arte del mehndi (tatuaggi all'henné) e partecipare a laboratori di artigianato locale. Le camere sono arredate con tessuti di seta e cotone di alta qualità, offrendo un comfort tattile eccezionale.

https://www.itinerariesperienziali.it/directory-offerte/listing/the-oberoi-udaivilas-india/

Un aiuto alla Multisensorialità e dato i dall'utilizzo di tecniche e metodologie tipiche del **Marketing olfattivo** il cui obiettivo è legare la vendita di un prodotto/servizio offerto ad uno dei cinque sensi, l'olfatto.

Obiettivo ultimo del Marketing olfattivo è quello di sedurre il cliente dal punto di vista emotivo stimolando ricordi e sensazioni mentali positive che lo indicano a comprare o a creare una immagine mentale positiva duratura nel tempo in modo da fidelizzare il cliente. Un ristorante, una struttura ricettiva, un centro di benessere ma anche un semplice punto di vendita che ha avuto la capacità di dosare in modo intelligente particolari fragranze, avrà un'alta probabilità di fidelizzare i propri clienti.

L'olfatto, più degli altri sensi, ha una stretta relazione con il cervello. Si è scoperto infatti che i recettori olfattivi non sono altro che una estensione del nostro cervello in quanto sono a contatto diretto con il sistema limbico, la zona del nostro cervello in cui risiedono l'emotività, l'umore e il senso di autocoscienza.

Uno studio condotto da parte della Rockefeller University, ha mostrato che nel breve periodo ricordiamo solo l'1% di ciò che tocchiamo, il 2% di quello che ascoltiamo, il 5% di quello che vediamo, il 15% di quello che gustiamo e fino al 35% di quello che odoriamo, sottolineando l'importanza di tale senso dal punto di vista commerciale.

Ecco perché in alcuni casi vengono usati aromi di sottofondo (**aromi atmosferici**) per creare un'atmosfera o un clima particolare che serve a rafforzare l'esperienza (sia essa legata al servizio enogastronomico, sia essa legato ad altri tipi di servizi, quali il soggiorno in una struttura ricettiva, la permanenza in un centro benessere, o alla permanenza all'interno di un punto vendita).

Ovviamente non bisogna esagerare con i profumi, è sempre opportuno stare attenti affinché il profumo di sottofondo non vada in competizione con gli aromi presenti nell'ambiente (**aromi in primo piano**).

Anche la scelta dei profumi è importante, una scelta legata esclusivamente in base ai propri gusti personali potrebbe portare ad individuare un profumo sbagliato, magari fuori dal contesto del prodotto/servizio che si vuole proporre alla clientela e quindi creare effetti indesiderati.

Nelle strutture dell'ospitalità, in particolare quelle di lusso, è molto diffusa l'abitudine di utilizzare fragranze che costituiscono in alcuni casi una vera e propria firma olfattiva della struttura. Alcuni esempi saranno trattati alla fine di questo capitolo.

Alcuni strutture utilizzano **profumi tematici** in base alle stagioni o agli eventi speciali può migliorare l'atmosfera. Ad esempio, profumi di cannella e pino durante le festività natalizie possono evocare un senso di calore e gioia.

Un ulteriore elemento che rafforza il marketing olfattivo è quello di integrare il servizio di ospitalità con delle Esperienze Sensoriali. Che porta ad offrire attività integrative che coinvolgano l'olfatto, come degustazioni di vini o cene sensoriali, dove gli ospiti possono apprezzare l'aroma dei cibi e delle bevande prima di assaggiarli.

- **Creazione di Atmosfere Accoglienti e Stimolanti**
  - **Candele Profumate e Diffusori di Aromi**: L'uso di candele profumate e diffusori di aromi può trasformare gli spazi, rendendoli più accoglienti. Aromi come la lavanda, noti per le loro proprietà rilassanti, possono favorire il rilassamento, ridurre lo stress e favorire il sonno degli ospiti. Agrumi come il limone o l'arancia, invece, possono energizzare e rinfrescare l'ambiente.
  - **Aromi di Erbe Aromatiche**: Erbe come il rosmarino, la menta e l'eucalipto possono evocare una sensazione di freschezza e pulizia, oltre a migliorare la concentrazione e la chiarezza mentale. Questi aromi sono ideali per le aree comuni come le reception o le sale conferenze.

Esempi di Applicazione

- **Reception:** La reception: è il luogo del primo incontro, il suo profumo accoglie l'ospite e si fissa nella sua memoria anche dopo la fine del soggiorno. Profumi freschi e accoglienti come agrumi o lavanda nella reception possono creare una prima impressione positiva e rilassante.

- **Camere degli Ospiti:** Aromi personalizzabili nelle camere, come oli essenziali di lavanda per favorire il sonno o eucalipto per una sensazione di freschezza, possono migliorare l'esperienza del soggiorno.

- **Spa e Centri Benessere:** Profumi rilassanti come camomilla, rosa o legno di sandalo possono essere diffusi nelle aree spa per migliorare il rilassamento.

- **Ristoranti e Bar:** Aromi delicati di spezie o erbe aromatiche possono essere utilizzati nei ristoranti per creare un ambiente accogliente e stimolante.

- **Gli spazi comuni:** qui i profumi possono indurre sensazioni di relax e benessere

- **I corridoi e i servizi**: la profumazione di zone poco areate favorisce sensazioni di piacevolezza e igiene

Aromi Culinari

- **Stimolazione dell'Appetito e Creazione di Familiarità**
  - **Odori Provenienti dalle Cucine**: Gli odori del pane appena sfornato, del caffè appena fatto o di piatti cucinati con ingredienti freschi possono evocare ricordi di casa e creare un senso di familiarità e comfort.
  - **Aromi di Pasticceria**: Gli odori di dolci e pasticcini appena sfornati possono attirare gli ospiti verso le aree di ristorazione e incoraggiarli a provare le offerte del menu.

- **Esempi di Applicazione**
  - **Colazioni a Buffet**: Il profumo di caffè appena fatto, pane tostato e pasticcini freschi può creare un ambiente invitante e stimolare l'appetito degli ospiti appena svegli.
  - **Cene ed Eventi Speciali**: Gli odori di erbe fresche, spezie e carne arrostita possono creare un'atmosfera sofisticata e appetitosa durante le cene e gli eventi speciali, migliorando l'esperienza culinaria complessiva.

Personalizzazione dell'Esperienza Olfattiva: Offrire agli ospiti la possibilità di scegliere il proprio profumo d'ambiente durante il soggiorno. Un menu di aromi può includere opzioni come lavanda per il relax, agrumi per l'energia e menta per la freschezza.

Mentre l'uso strategico degli aromi può migliorare notevolmente l'esperienza degli ospiti, un uso non appropriato o eccessivo può avere l'effetto opposto, diventando uno stimolo negativo, causando disagio e influenzando negativamente la percezione della struttura. E' opportuno pianificare attentamente la diffusione di profumi che dovrebbe essere effettuato in modo sottile e nelle aree appropriate, evitando l'uso eccessivo o in ambienti inadeguati. Ecco alcuni aspetti da considerare:

- **Aromi Troppo Intensi:** Aromi eccessivamente intensi possono essere opprimenti e sgradevoli. Gli ospiti possono sentirsi sopraffatti ed in alcuni casi sviluppare mal di testa e nausea. Profumi molto forti in spazi chiusi come le camere degli ospiti o le sale conferenze possono diventare rapidamente fastidiosi, riducendo il comfort e la soddisfazione degli ospiti.

- **Allergeni e Irritanti:** Alcuni ospiti possono essere allergici o sensibili a determinati profumi. L'esposizione a questi aromi potrebbe, in questi soggetti, causare reazioni allergiche, problemi respiratori o irritazioni della pelle. Ad esempio, l'uso di candele profumate contenenti allergeni comuni come oli essenziali forti può provocare reazioni avverse in ospiti sensibili.

- **Mancanza di Coerenza con l'Ambiente:** L'uso di un aroma che non si adatta all'ambiente o al tema della struttura può risultare fuori luogo e diventare uno stimolo negativo per l'esperienza utente. Ad esempio, un aroma tropicale in una struttura montana potrebbe sembrare inappropriato e non in linea con l'ambientazione naturale.

- **Contrasto con Altri Odori:** Gli aromi artificiali (**aromi atmosferici**) possono entrare in conflitto con gli odori naturali presenti, creando un mix sgradevole. Ad esempio, diffondere un forte profumo floreale in un ristorante può risultare disarmonico e fastidioso. In tal caso è sempre opportuno stare attenti affinché il profumo di sottofondo non vada in competizione con gli aromi del cibo stesso (**aromi in primo piano**)[3].

Elementi di riflessione

- **Preferenze Personali:** Le preferenze personali variano enormemente tra gli ospiti. Un aroma apprezzato da alcuni potrebbe essere sgradito ad altri. Alcuni ospiti potrebbero trovare rilassante l'odore della lavanda, mentre altri potrebbero non gradirlo affatto e preferire aromi più freschi o neutri.

- **Percezione di Qualità:** Aromi percepiti come economici o di bassa qualità possono trasmettere un'immagine negativa della struttura, influenzando la percezione generale di lusso e cura. L'uso di deodoranti per ambienti a basso costo può dare un'impressione di mancanza di attenzione ai dettagli.

L'uso di profumi ambientali è una pratica sempre più diffusa tra le strutture dell'ospitalità di lusso per migliorare l'esperienza degli ospiti. Ecco alcuni esempi di hotel che utilizzano fragranze ambientali come parte integrante della loro strategia di marketing sensoriale:

---

[3] Charles Spence – Gastrofisica. La nuova scienza del mangiare pag. 99

St. Regis Hotels

Gli Hotel St. Regis utilizzano una fragranza per l'ambiente chiamata "Caroline's Four Hundred", ispirata ai bouquet floreali dei balli dell'epoca ottocentesca. Questa fragranza è caratterizzata da note di rose American Beauty, giacinto, gigli bianchi, steli verdi e delicati fiori di mela cotogna, mela e ciliegio.

https://www.youtube.com/watch?v=N6JlLWcLlQM

Hotel Indigo

Gli Hotel Indigo propongono nelle fragranze invernali un profumo caldo che include note di mirtilli, mele speziate, abete balsamico e agrumi. Questa miscela è progettata per evocare un senso di calore e accoglienza durante la stagione invernale.

https://www.ihg.com/hotelindigo/content/it/it/about-us

Altri esempi:

- **Hotel Holiday Inn**: utilizzano un profumo universale a base di una miscela di tè bianco e agrumi, con note sottili di legni, muschio, erbe e foglie di perilla. Questo aroma è scelto per la sua capacità di creare un'atmosfera fresca e accogliente.
- **Conrad Hotels & Resorts**: utilizzano una fragranza distintiva che combina thè bianco e timo, progettata per evocare una sensazione di pulizia e serenità.
- **Hotel Brooklyn Bridge, New York:** Questo hotel eco-luxury utilizza materiali naturali, profumi di piante e suoni della natura per un'esperienza rilassante e rigenerante.
- **The Tillary Hotel, Brooklyn, NY:** Con una fragranza distintiva chiamata "white suede" e playlist musicali curate, questo hotel offre un'esperienza sensoriale unica.

Le strutture dell'ospitalità possono arricchire la Guest Experience proponendo anche momenti tipici della Dinner Experience puntando quindi anche sul gusto per arricchire il principio della multisensorialità. Ecco alcuni aspetti da prendere in considerazione.

- **Offerta di Prodotti Tipici Locali:** Offrire agli ospiti la possibilità di degustare prodotti tipici locali come formaggi, salumi, miele, oli d'oliva, vini e dolci tradizionali. Queste degustazioni possono essere organizzate in collaborazione con produttori locali, creando un ponte diretto tra gli ospiti e la cultura del territorio.

- **Degustazioni di Vini:** Le degustazioni di vini possono includere una selezione di vini locali e regionali, accompagnati da un sommelier che guida gli ospiti attraverso le caratteristiche di ciascun vino, inclusi il bouquet, il corpo e le note di sapore.

- **Degustazioni di Tisane e Infusi:** Offrire degustazioni di tisane e infusi a base di erbe locali può essere un'opzione rilassante e salutare. Queste bevande possono essere preparate con ingredienti freschi raccolti in loco o nei dintorni.

- **Esperienze Culinare Personalizzate:** Offrire esperienze culinarie personalizzate, come cene private con uno chef che prepara piatti su misura secondo le preferenze degli ospiti, può rendere il soggiorno ancora più speciale.

Ecco alcuni esempi di strutture dell'ospitalità che integrano la loro Guest Experience con esperienze enogastronomiche, offrendo agli ospiti opportunità di degustazione e menu personalizzati legati al gusto:

Masseria Torre Maizza, Puglia

Questo resort offre una varietà di esperienze culinarie, tra cui lezioni di cucina all'aperto, degustazioni di vini pugliesi, e cene private sotto le stelle. Gli ospiti possono anche partecipare a una masterclass sulla preparazione della focaccia pugliese.

https://www.roccofortehotels.com/hotels-and-resorts/masseria-torre-maizza/

Jade Mountain, St. Lucia

Questo resort sulla scogliera offre un'esperienza culinaria unica chiamata "Six in Your Sanctuary", un menu degustazione di sei portate servito nella privacy del santuario open-air degli ospiti, con vista sui monti Piton e servizio di maggiordomo.

https://www.itinerariesperienziali.it/directory-offerte/listing/jade-mountain-st-lucia/

Conrad Maldives Rangali Island

Questo resort offre un'esperienza di dining subacquea unica presso il ristorante **thaa Undersea Restaurant** alle Maldive è un'esperienza culinaria unica nel suo genere, offrendo una vista subacquea a 180 gradi mentre si mangia. Situato a 5 metri sotto il livello del mare presso il Conrad Maldives Rangali Island nelle Maldive, Ithaa offre un'esperienza culinaria in un ambiente completamente immerso nel mondo sottomarino.

https://www.itinerariesperienziali.it/directory-offerte/listing/ithaa-undersea-restaurant-maldive/

Ka'ana Resort, San Ignacio, Belize

Questo resort offre lezioni di cucina ispirate alla tradizione Maya, dove gli ospiti possono imparare a preparare piatti tipici come tamales e tortillas di mais, seguite da una cena a tema Maya.

https://www.itinerariesperienziali.it/directory-offerte/listing/kaana-resort-san-ignacio-belize/

Principio 2: Approccio culturale (Identità locali)

Il percorso esperienziale deve permettere di approfondire la conoscenza di elementi di identità locale

Un'esperienza culturale e di norma associata a elementi di identità locale: luoghi, storie, prodotti tipici, usi, costumi e tradizioni. In questo caso il principio è endogeno. Tali identità possono essere elementi culturali, naturali, storiche o demoetnoantropologiche. Un intelligente (e competente) "racconto" di tali identità farà sì che si creino i presupposti per una connessione emotiva tra il partecipante e la risorsa culturale oggetto del percorso esperienziale. Una connessione che renderà duraturo il ricordo dei luoghi e della stessa esperienza vissuta.

In alcuni casi possiamo considerare questo principio come endogeno, ad esempio nel caso della **Location Guest Experience** descritte in un capitolo precedente, le strutture dell'ospitalità sono inseriti in luoghi caratterizzati da aspetti insoliti, spettacolari, a forte connotazione culturale o di significativa rilevanza nazionale o internazionale.

Ciò che deve essere chiaro, anche per le esperienze per cui il principio non è endogeno, è che possono essere facilmente integrate e arricchite con aspetti che permettono di approfondire la conoscenza di elementi di identità locale, basta un po' di intelligenza e veloce ricerca del contesto culturale del luogo in cui avviene l'esperienza. Ad esempio, all'interno delle Wellness Experience, può essere utile offrire prodotti tipici del luogo o raccontare usanze e stili di vita locali.

L'approccio culturale nel contesto della Guest Experience può essere applicato direttamente all'interno della stessa struttura, attraverso la tematizzazione della struttura o offrendo servizi integrativi direttamente connessi al servizio di ospitalità oppure attraverso dei servizi integrativi offerti all'esterno della struttura, come possono essere tour culturali, partecipazione a eventi locali o escursioni naturalistiche.

Ciò che è importante è evidenziare gli elementi di identità locale che possono essere di diversi tipi:

- **Luoghi:** I luoghi sono spesso i punti di riferimento che definiscono l'identità di una regione. Questi possono includere siti storici, paesaggi naturali, edifici iconici e quartieri caratteristici. Esempio: Un hotel situato a Venezia potrebbe organizzare tour privati nei luoghi meno conosciuti della città, come le isole della laguna o antichi palazzi, offrendo agli ospiti una prospettiva autentica e meno conosciuta della città.

- **Storie:** Le storie e le leggende locali aggiungono profondità all'esperienza culturale. Queste narrazioni possono riguardare eventi storici, personaggi famosi, miti e leggende. Esempio: Un resort in Scozia potrebbe offrire serate di storytelling con narratori locali che raccontano storie di clan, battaglie storiche e leggende del folklore scozzese.

- **Prodotti Tipici:** I prodotti locali, che possono essere culinari, artigianali o enogastronomici, offrono un "assaggio" tangibile della cultura del luogo. La degustazione di questi prodotti permette agli ospiti di apprezzare le tradizioni produttive della regione. Esempio: Un agriturismo in Toscana potrebbe offrire degustazioni di olio d'oliva, vini locali e lezioni di cucina dove gli ospiti possono imparare a preparare piatti tradizionali.

- **Usi e Costumi:** Gli usi e i costumi locali, comprese, le danze, i vestiti tradizionali e le pratiche quotidiane, sono espressioni vive della cultura locale. Esempio: Una struttura ricettiva in Giappone potrebbe invitare gli ospiti a partecipare a una cerimonia del tè, permettendo loro di sperimentare in prima persona l'arte e la ritualità di questa antica tradizione.

- **Tradizioni:** Le tradizioni tramandate di generazione in generazione includono pratiche religiose, festività e rituali che definiscono l'identità culturale di una comunità. Esempio: Un hotel in Messico potrebbe organizzare una celebrazione del Día de los Muertos, invitando gli ospiti a partecipare alle processioni, alla preparazione degli altari e alla degustazione di cibi tipici della festività. Altro esempio: Partecipare a una cerimonia del tè in Giappone per comprendere la ritualità e la filosofia zen.

- **Artigianato Locale:** E' il caso di oggetti artigianali realizzati con tecniche tradizionali, spesso utilizzando materiali locali. Questi manufatti non solo rappresentano l'abilità tecnica degli artigiani, ma anche la storia e la cultura della regione. Esempio: Partecipare a un laboratorio di ceramica dove gli ospiti possono creare e decorare le proprie ceramiche utilizzando tecniche locali.

- **Architettura:** Gli stili architettonici che caratterizzano una regione offrono una visione unica sulla storia e sull'evoluzione culturale di un luogo. Esempio: Esplorare i monumenti barocchi del sito UNESCO "Le Città tardobarocche del Val di Noto" in Sicilia, per conoscere e apprezzare l'architettura tardobarocca del sud Italia.

Ecco alcuni esempi di strutture dell'ospitalità che integrano elementi di identità locale nelle loro esperienze per gli ospiti, offrendo un'immersione autentica nella cultura del luogo:

Mandarin Oriental

Gli hotel Mandarin Oriental offrono esperienze culturali eccezionali come una masterclass di tè a Hong Kong, tour degli atelier di design a Milano, e visite guidate ai luoghi storici locali. Queste attività sono progettate per immergere completamente gli ospiti nella cultura e nelle tradizioni locali.

https://youtu.be/vCf7-R-yJLw?si=85JlOc9JFvK1j5H6

Capella Hotels and Resorts

Capella Kyoto collabora con artigiani locali e offre esperienze come cene omakase e lezioni con geisha. Ogni hotel Capella cerca di connettere gli ospiti con la cultura locale attraverso design tradizionale, arte, e collaborazioni con comunità locali.

https://capellahotels.com/en

Principio 3: Unicità

Il percorso esperienziale deve presentare caratteristiche di unicità

Questo principio è strettamente legato al principio appena descritto (identità locali) L'unicità dell'esperienza culturale o incentrata su luoghi insoliti, spettacolari, a forte connotazione culturale o di significativa rilevanza nazionale o internazionale (Principio 2), risiede proprio nella sua natura (**principio endogeno**).

Anche quando il principio non è endogeno è sempre possibile applicarlo rendendo unica l'esperienza nella sua globalità

L'unicità nella Guest Experience risiede proprio nella sua natura. Una esperienza autentica non è in genere, una offerta seriale e di massa. I prodotti ed i servizi, eventualmente inclusi nel percorso esperienziale sono solo un aspetto indiretto, le componenti essenziali sono emozioni, sensazioni, capacità di far "sentire" e "scoprire" qualcosa di diverso dal solito e quindi "unico".

Ad esempio, una struttura ricettiva situata all'interno di un borgo antico presenta caratteristiche di unicità legati proprio al fatto che si lega a percorsi di unicità culturale, in quanto ogni borgo ha una sua unicità che lo caratterizza. Analogo discorso può dirsi per le attrattive culturali e naturali del luogo.

Aspetti da prendere in considerazione per le offerte esperienziali rispettosi di questo principio:

- **Eventi Esclusivi**: Creare eventi o esperienze che siano offerti solo in specifici periodi o contesti, come un evento enogastronomico in un antico borgo.

- **Accesso Esclusivo**: Offrire accesso a luoghi o esperienze che sono altrimenti inaccessibili al pubblico generale, come una visita privata a un sito storico o culturale.

- **Esperienze Personalizzate**: Creare esperienze che siano personalizzate per gli ospiti, tenendo conto dei loro interessi e preferenze.

- **Storie Uniche**: Condividere storie e leggende locali che sono uniche al luogo, arricchendo l'esperienza con narrazioni e aneddoti speciali.

- **Interazione Locale**: Facilitare interazioni autentiche con la comunità locale, permettendo agli ospiti di immergersi veramente nella cultura del luogo.

Giraffe Manor Hotel

Il Giraffe Manor Hotel a Nairobi, Kenya, offre un'esperienza straordinaria e senza paragoni. Qui, gli ospiti non solo godono di un soggiorno lussuoso, ma hanno anche l'opportunità di interagire in modo intimo e unico con la natura e la fauna selvatica. Nel Giraffe Manor, è possibile entrare in contatto diretto con le giraffe, regalando un'esperienza autentica e memorabile.

Una delle caratteristiche più affascinanti di questo hotel è la presenza del branco residente di giraffe Rothschild. Queste magnifiche creature visitano regolarmente la struttura, sporgendo i loro lunghi colli attraverso le finestre nella speranza di ricevere una leccornia, prima di ritirarsi nel loro santuario forestale.

https://www.itinerariesperienziali.it/directory-offerte/listing/giraffe-manor-hotel/

Principio 4: Approccio relazionale (centralità e unicità delle persone)

Il percorso esperienziale deve essere basato sulle relazioni umane

Per applicare questo principio e opportuno tenere conto degli aspetti validi per qualsiasi esperienza, utilizzare una comunicazione empatica e personalizzare l'esperienza in base alla personalità e alle aspettative dell'ospite.

Un'esperienza deve essere caratterizzata da una forte relazione umana che si viene a creare tra chi offre l'esperienza e chi la riceve.

La capacità di comunicazione empatica che dovrebbe avere chi offre l'esperienza (in particolare lo staff che viene a contatto con gli ospiti) e il ricevere "sensazioni", sono fattori legati alle relazioni che si vengono a creare durante l'esperienza, aspetto che avviene facilmente in presenza di un numero limitato di persone che usufruiscono contemporaneamente dell'offerta esperienziale. Un esperienza reale ed autentica difficilmente è una offerta rivolta ad una massa di persone.

Aspetti da prendere in considerazione per le offerte esperienziali rispettosi di questo principio:

- **Staff Attento:** Assicurarsi che lo staff sia formato e abile nel comunicare e interagire con gli ospiti in modo empatico e attento. La comunicazione empatica implica ascoltare attivamente e rispondere con comprensione e sensibilità alle esigenze degli ospiti. Lo staff deve essere in grado di percepire e rispondere alle emozioni degli ospiti, creando un ambiente di fiducia e rispetto reciproco.

- **Personalizzazione dell'Esperienza:** Personalizzare l'esperienza significa adattare i servizi offerti alle specifiche esigenze, preferenze e aspettative di ciascun ospite. Questo può includere la personalizzazione delle camere, dei menù e delle attività proposte. Ad esempio: Un hotel di lusso che prepara una camera con cuscini personalizzati, la bevanda preferita degli ospiti e una playlist musicale scelta appositamente per loro, crea un'esperienza che tiene conto dell'unicità dell'ospito.

- **Esperienze di Piccoli Gruppi**: Offrire esperienze a piccoli gruppi per mantenere l'autenticità e permettere una connessione più profonda e interazioni significative tra ospiti e staff. Ad esempio: Un'escursione guidata per un massimo di sei persone permette alla guida di interagire più intensamente con ogni partecipante, rispondendo alle loro domande e adattando l'itinerario alle loro preferenze

- **Interazioni Autentiche**: Creare opportunità per interazioni autentiche con la comunità locale, come pasti condivisi, workshop o eventi comunitari. Ad un agriturismo che invita gli ospiti a partecipare alla raccolta delle olive o ad altre attività tipiche dell'azienda agrituristica e a condividere un pasto con la famiglia proprietaria, offre un'esperienza diretta e autentica della vita rurale.

- **Ascolto Attivo**: Prestare attenzione alle esigenze, interessi e feedback degli ospiti, adattando l'esperienza di conseguenza.

- **Storie Personali**: Condividere storie personali ed esperienze locali, permettendo agli ospiti di vedere e comprendere la cultura e il luogo da una prospettiva interna.

Ecco alcuni esempi di strutture dell'ospitalità che applicano il principio dell'approccio relazionale, centrato sull'unicità delle persone, attraverso esperienze personalizzate ed empatiche:

The Westin Tokyo

The Westin Tokyo offre un'esperienza personalizzata attraverso la raccolta di dati sulle preferenze degli ospiti e l'uso di queste informazioni per personalizzare ogni soggiorno. Lo staff è formato per comunicare in modo empatico e per anticipare le esigenze degli ospiti, migliorando la loro esperienza complessiva.

https://www.myclubmarriott.com/hotel/hoteldetail/en/the-westin-tokyo

The Peninsula Beverly Hills

Questo hotel offre un'esperienza ultra-personalizzata con servizi su misura come menù di cuscini, spa personalizzate e servizi di concierge che rispondono alle preferenze individuali degli ospiti. Gli ospiti possono anche usufruire di programmi di benessere personalizzati.

https://www.peninsula.com/en/beverly-hills/5-star-luxury-hotel-beverly-hills

Four Seasons Hotel George V, Paris

Four Seasons Hotel George V a Parigi offre esperienze personalizzate attraverso un servizio di concierge che pianifica itinerari su misura, cene private e attività culturali locali. Lo staff è addestrato per creare connessioni autentiche con gli ospiti, rispondendo alle loro esigenze con attenzione e cura.

https://www.itinerariesperienziali.it/directory-offerte/listing/four-seasons-hotel-george-v-paris/

The Ritz-Carlton, Bali

Questo resort offre esperienze personalizzate come tour privati dei templi locali, lezioni di cucina balinese e trattamenti spa personalizzati. Lo staff è addestrato per fornire un servizio attento e empatico, anticipando le esigenze degli ospiti e personalizzando ogni aspetto del soggiorno.

https://www.itinerariesperienziali.it/directory-offerte/listing/the-ritz-carlton-bali/

Principio 5: Partecipazione diretta

Il percorso esperienziale deve prevedere la partecipazione diretta dell'ospite ad alcune attività

La partecipazione diretta è uno degli elementi alla base del concetto di "immersione". La partecipazione diretta fa diventare attori consapevoli i fruitori dell'esperienza che non sono, quindi, spettatori passivi.

In alcuni casi la tipologia stessa dell'offerta, in quanto fruita in luoghi immersivi o ad esempio, a forte contatto con la natura è tale per cui questo principio è da considerarsi endogeno. Stessa considerazione laddove vengono forniti servizi che vedono la partecipazione diretta degli ospiti (escursioni, attività sportive, attività wellness, esperienze realizzate nei centri di produzione, safari interattivi dove, oltre a osservare la fauna gli ospiti possono partecipare a tracciamenti di animali, ecc.).

In tutte le altre tipologie di esperienza, è necessario se si vuole applicare il principio di partecipazione diretta, creare dei momenti che vedono il coinvolgimento diretto degli stessi, magari utilizzando la tecnologia e far interagire gli ospiti con l'ambiente circostante o creare momenti di animazione che vede il coinvolgimento dei presenti, alcuni esempi:

- **Laboratori di artigianato** dove gli ospiti possono imparare antichi mestieri, come la tessitura, la ceramica o la lavorazione del legno, creando i propri manufatti. Esempio: Un resort in Giappone che offre workshop di ceramica raku, dove gli ospiti possono creare e decorare le proprie tazze da tè utilizzando tecniche tradizionali
- **Workshop artistici** dove è possibile acquisire conoscenze, attraverso la partecipazione su aspetti quali la pittura, la scultura, la fotografia e la

scrittura. Esempio: Un hotel in Toscana che offre corsi di pittura en plein air nei vigneti, dove gli ospiti possono dipingere il paesaggio toscano sotto la guida di un artista locale

- **Esperienze culturali e tradizionali** dove gli stessi ospiti possono essere parte di festività e cerimonie tradizionali, apprendendo e partecipando ai rituali. Esempio: un resort in Bhutan che invita gli ospiti a partecipare ai festival locali, permettendo loro di indossare abiti tradizionali e di partecipare alle danze e ai rituali.

- **Attività agricole**, dove gli ospiti possono partecipare alle attività quotidiane di una fattoria, come la mungitura, la raccolta o la semina.

Ecco alcuni esempi di ospitalità che integrano la partecipazione diretta degli ospiti nelle loro esperienze, promuovendo un coinvolgimento attivo:

Abbiamo già visto **The Ritz-Carlton, Bali che o**rganizza tour privati dei templi, lezioni di cucina balinese e trattamenti spa personalizzati, con un forte focus sulla partecipazione attiva degli ospiti e anche **Six Senses Douro Valley, Portogallo** dove gli ospiti possono anche esplorare i vigneti circostanti e partecipare a raccolte e degustazioni, sentendo la terra e le piante sotto le mani.

Altri esempi che possono essere presi a riferimento sono:

Azerai La Residence, Hue Resort - Vietnam

Questo resort organizza eventi durante l'Earth Hour, come concerti al piano a lume di candela e competizioni per coinvolgere gli ospiti nelle attività di sostenibilità.

https://www.itinerariesperienziali.it/directory-offerte/listing/azerai-la-residence-hue-resort-vietnam/

Scandic Hotels - Nordics

Scandic Hotels partecipa attivamente a Earth Hour e altre iniziative sostenibili, invitando gli ospiti a prendere parte a pratiche ecologiche durante il loro soggiorno.

https://www.scandichotels.com/

Banyan Tree Group

Il Banyan Tree Group ha lanciato il Green Imperative Fund, che consente agli ospiti di contribuire a progetti ambientali e comunitari durante il loro soggiorno. Gli ospiti possono partecipare attivamente a queste iniziative, come il contributo alla piantumazione di alberi o a progetti di conservazione ambientale.

https://www.banyantree.com/

Rancho La Puerta, Messico

Gli ospiti possono partecipare a una vasta gamma di attività che includono workshop di cucina, lezioni di fitness, escursioni guidate nella natura e sessioni di meditazione. Questo resort è noto per promuovere il benessere olistico e il coinvolgimento attivo degli ospiti.

https://www.itinerariesperienziali.it/directory-offerte/listing/rancho-la-puerta-messico/

Glenapp Castle, Scozia

Questo castello trasformato in hotel offre agli ospiti esperienze partecipative uniche come la pesca con il falco, la raccolta di ingredienti per la cucina locale e passeggiate guidate attraverso i terreni storici della proprietà.

https://glenappcastle.com/

Principio 6: Apprendimento esperienziale

Il percorso esperienziale deve prevedere una fase di apprendimento attraverso la partecipazione diretta dell'ospite ad alcune attività

Le esperienze a carattere educativo, enogastronomico e culturale, soprattutto se realizzate attraverso la partecipazione diretta sono forme di apprendimento, infatti permettono di imparare qualcosa di nuovo attraverso il modello di apprendimento denominato "Apprendimento Esperienziale" (Experiential Learning) che vede il coinvolgimento diretto e fisico nelle attività associate all'offerta turistica (es. cucinare, vendemmiare, mungere, realizzare prodotti artigianali, ecc.) e attraverso il coinvolgimento, se possibile, dei 5 sensi: vista, udito, gusto, olfatto e soprattutto, il tatto. I 5 sensi sono sicuramente coinvolti nelle offerte esperienziali legate alla enogastronomia. In altre, come ad esempio la realizzazione di manufatti artigianali, il gusto potrebbe non essere stimolato ma rimane sicuramente un'esperienza multisensoriale se vengono attivati tutti gli altri sensi e se si ha una reale e diretta partecipazione.

Un discorso analogo ha valenza per un'escursione, soprattutto se non è limitata alla semplice passeggiata nella natura ed è accompagnata dalla descrizione dei luoghi, della flora e della fauna locale, delle storie, delle tradizioni locali o dalla conoscenza delle identità locali. Un aspetto da non trascurare è quello di inserire, all'interno dell'escursione naturalistica, momenti formativi esperienziali come potrebbe essere la raccolta di verdure spontanee (senape, cicoria, finocchietto selvatico, ecc.) accompagnate dalla spiegazione che permette di riconoscerle e altri aspetti che descrivono come possano essere legati alle tradizioni, eventualmente gastronomiche, locali.

Molti degli esempi presentati per il principio cinque (Partecipazione diretta) in effetti possono essere presi a riferimento anche per il principio appena descritto.

Aspetti da prendere in considerazione per le offerte esperienziali rispettosi di questo principio:

- **Workshop e Attività Mani-in**: Offrire workshop e attività pratiche, come cucinare, fare artiglanato o partecipare a raccolte, che permettano agli ospiti di imparare facendo. Esempio: un agriturismo che offre corsi di cucina dove gli ospiti imparano a preparare piatti tipici utilizzando ingredienti freschi raccolti dall'orto.

- **Escursioni Educative**: Organizzare escursioni che non solo esplorino la bellezza naturale, ma anche educano gli ospiti sulla flora, fauna, geologia e cultura locali. Esempio: Una eco-struttura in Costa Rica che offre tour guidati nella foresta pluviale, dove gli ospiti possono imparare a identificare piante medicinali e osservare la fauna locale

- **Degustazioni Guidate**: Offrire degustazioni di cibi e bevande locali che non solo soddisfino il palato, ma anche educano gli ospiti sui processi di produzione, le tradizioni e le storie locali. Esempio: Una struttura ricettiva che integra la Guest Experience offrendo degustazioni di vini accompagnate da spiegazioni sui processi di vinificazione e storie delle cantine locali.

- **Interazioni Culturali**: Creare opportunità per gli ospiti di imparare attraverso l'interazione con la comunità locale, partecipando a tradizioni, cerimonie e altre attività culturali. Una struttura ricettiva in Kenya che invita gli ospiti a partecipare a cerimonie Maasai, dove possono apprendere sulle tradizioni e la cultura del popolo Maasai.

Alcuni esempi di strutture che offrono esperienze di apprendimento esperienziale per i loro ospiti.

Belmond Castello di Casole, Italia

Situato in Toscana, questo hotel offre corsi di cucina italiana, tour del vino, e workshop di pittura. Gli ospiti possono partecipare alla raccolta delle olive e alla produzione di olio d'oliva.

https://www.belmond.com/hotels/europe/italy/tuscany/belmond-castello-di-casole/

Fogo Island Inn, Canada

Gli ospiti possono partecipare a escursioni guidate che esplorano la geologia, la flora e la fauna dell'isola. Inoltre, l'hotel offre workshop di artigianato tradizionale e cucina locale.

https://fogoislandinn.ca/

Borgo Egnazia, Italia

Questo resort pugliese offre esperienze culturali e gastronomiche, tra cui corsi di cucina, degustazioni di vini, e workshop di artigianato. Gli ospiti possono anche partecipare alla raccolta delle verdure nei giardini dell'hotel.

https://www.borgoegnazia.com/

The Brando, Polinesia Francese

Gli ospiti possono partecipare a programmi di conservazione marina, workshop di biologia marina e escursioni ecologiche. Inoltre, sono offerte lezioni di cultura polinesiana e workshop di danza tradizionale.

https://thebrando.com/

Principio 7: Approccio tematico

Ogni percorso esperienziale dovrà essere costruito a partire da un tema che lo caratterizza e che ne costituisce il filo conduttore

Il tema costituisce la base di partenza dell'esperienza, esso è il filo conduttore che permette di individuare il luogo, la trama e gli elementi scenografici più adatti per rendere l'esperienza reale. Il tema è il primo elemento attrattivo che dovrà essere comunicato ai potenziali fruitori del percorso di esperienza. E' estremamente importante, in particolare per i percorsi esperienziali culturali, che il tema sia scelto in armonia con i luoghi individuati ed il territorio di appartenenza.

L'approccio tematico è utilizzato ampiamente nel settore delle esperienze, non a caso è uno dei principali elementi della messa in scena delle esperienze (Il Teatro come modello dell'esperienza)[4].

Elementi Chiave dell'Approccio Tematico

- **Scelta del Tema:** Il tema deve essere attentamente selezionato in base alla cultura, alla storia e alle caratteristiche uniche del luogo. Deve essere rilevante, autentico e in armonia con l'ambiente circostante. Ad esempio: Un resort in Toscana potrebbe scegliere il tema del "Rinascimento" per valorizzare l'arte e la storia della regione, includendo visite a musei, lezioni di pittura e cene rinascimentali.

- **Comunicazione del Tema:** Il tema deve essere comunicato chiaramente ai potenziali ospiti attraverso tutti i canali di marketing e comunicazione. Deve essere il primo elemento attrattivo che cattura l'interesse e le

---

[4] Ignazio Caloggero: Turismo e Marketing Esperienziale. 2023 Edizione Centro Studi Helios

aspettative degli ospiti. Ad esempio: Un hotel a tema musicale a Nashville potrebbe utilizzare slogan e immagini che evocano la storia della musica country e offrire anteprime di eventi musicali locali.

- **Coerenza del Tema:** Tutti gli elementi dell'esperienza, inclusi il design degli interni, le attività proposte, il cibo e le bevande, devono riflettere il tema scelto. Questo crea un'esperienza immersiva e coerente. Ad esempio: Un eco-resort potrebbe adottare il tema della sostenibilità, utilizzando materiali eco-friendly, offrendo attività di conservazione e servendo cibi biologici e a km zero.

Elementi da prendere in considerazione

- **Design degli Interni e Scenografia:** Gli spazi dovrebbero essere progettati per riflettere il tema scelto. Questo include l'arredamento, la decorazione, l'illuminazione e persino la musica di sottofondo. Esempio: Un hotel a tema medievale potrebbe avere camere arredate con mobili in stile gotico, arazzi sulle pareti e candele come illuminazione principale.

- **Attività Tematiche:** Le attività offerte agli ospiti devono essere in linea con il tema scelto. Esempio: Un resort sulla spiaggia a tema nautico potrebbe offrire lezioni di vela, immersioni subacquee e workshop di costruzione di barche in miniatura.

- **Eventi Speciali:** Offrire eventi speciali che accentuano il tema può rendere l'esperienza ancora più tematica. Esempio: Un hotel a tema vinicolo potrebbe organizzare un festival del vino annuale, con degustazioni, tour delle cantine e cene gourmet abbinate a vini locali.

Esempi di Strutture con Approccio Tematico

Icehotel, Svezia

Ogni inverno, l'hotel viene ricostruito interamente con ghiaccio e neve, con camere e sculture realizzate da artisti di tutto il mondo.

https://www.itinerariesperienziali.it/directory-offerte/listing/icehotel-svezia/

Treehotel, Svezia

Offre camere uniche costruite sugli alberi, ognuna con un design diverso che riflette un tema naturale, come il "Nido d'uccello" o la "Capsula UFO".

https://www.itinerariesperienziali.it/directory-offerte/listing/trechotel-svezia/

Ashford Castle, Irlanda

Questo castello medievale offre attività come falconeria, tiro con l'arco e tour storici che permettono agli ospiti di vivere come nobili del passato.

https://ashfordcastle.com/

Queen Mary Hotel, Long Beach, USA

Un ex transatlantico di lusso trasformato in hotel, la Queen Mary offre un'esperienza che riporta gli ospiti ai fasti degli anni '30. Gli ospiti possono partecipare a tour storici, cene a tema e anche a percorsi paranormali per esplorare le storie di fantasmi della nave.

https://queenmary.com/

Karosta Prison Hotel, Lettonia

Questo hotel estremo permette agli ospiti di vivere l'esperienza di essere prigionieri in una vecchia prigione militare. Durante il soggiorno, gli ospiti partecipano a simulazioni che replicano le condizioni di vita dei detenuti, sotto la supervisione di veri ufficiali di correzione.

https://www.karosta.lv/

Amberley Castle, Regno Unito

Questo antico castello del XII secolo offre un'esperienza storica autentica con camere arredate in stile medievale. Gli ospiti possono partecipare a tour storici del castello, attività di tiro con l'arco e banchetti a tema.

https://www.amberleycastle.co.uk/

Apukka Resort, Finlandia

Questo resort in Lapponia offre alloggi in cabine di vetro a forma di igloo, perfette per osservare l'aurora boreale. Gli ospiti possono partecipare a safari con husky, escursioni in motoslitta e workshop sulla cultura Sami.

https://www.itinerariesperienziali.it/directory-offerte/listing/apukka-resort-finlandia/

Pioneertown Motel, California, USA

Creato come set permanente per i film western, questo motel offre un'esperienza immersiva nel Vecchio West. Gli ospiti possono partecipare a attività come il tiro con l'arco, escursioni nel deserto e serate di musica dal vivo.

https://www.pioneertown-motel.com/

Gardaland Adventure Hotel

Gardaland Adventure Hotel è una struttura che dispone di 100 camere tutte tematizzate secondo 4 ambientazioni: *Arctic, Arabian, Jungle e Wild West* distribuite tra due padiglioni immersi in un contesto completamente tematizzato.

https://youtu.be/9O5GPWqmiGQ?si=LeLtvZaUtqfeOBYH

Principio 8: Approccio estetico

L'approccio estetico è uno degli elementi, assieme a quello della partecipazione diretta, alla base del concetto di "immersione". Gli eventi che costituiscono "la messa in scena dell'esperienza" devono essere progettati in modo da dare importanza a tutti gli aspetti che possano influire sull'estetica: l'atmosfera, il senso del bello, il luogo scelto per l'esperienza, la trama (sceneggiatura) che deve essere coerente con il tema scelto ed il luogo individuato.

Attraverso un design attento, la cura dei dettagli, l'uso equilibrato degli elementi estetici e l'eliminazione delle distrazioni, le strutture dell'ospitalità possono offrire esperienze che non solo soddisfano, ma superano le aspettative degli ospiti, creando ricordi duraturi e un forte legame emotivo con il luogo.

Il concetto di estetica, inteso come ciò che percepiamo come bello attraverso i nostri sensi, può essere legato ad un ambiente creato ad arte o anche a contesti legati a panorami, paesaggi, manufatti o luoghi culturali particolarmente stimolanti.

Aspetti da prendere in considerazione per le offerte esperienziali rispettosi di questo principio:

Elementi Chiave dell'Approccio Estetico

- **Design Attento:** Il design dell'esperienza deve essere curato in ogni dettaglio, dai colori e le forme degli ambienti, ai suoni e gli odori che li caratterizzano. Questo include l'arredamento, l'illuminazione, e l'uso di materiali naturali o di alta qualità. Esempio: Un hotel boutique che utilizza arredi artigianali, tessuti naturali e una palette di colori che richiama il paesaggio circostante, creando un ambiente armonioso e rilassante.

- **Esperienze Tematiche:** Creare esperienze che seguano un tema specifico, assicurando che ogni aspetto dell'esperienza sia coerente con questo tema.

Questo include la scelta dei luoghi, le attività proposte e gli elementi scenografici. Esempio: Un resort a tema medievale che organizza cene in costume, tornei di giostre e serate con musica e danze dell'epoca, immersi in un castello autentico.

- **Bellezza Naturale e Creata:** Sfruttare sia la bellezza naturale dell'ambiente che gli elementi estetici creati per arricchire l'esperienza. Questo può includere l'uso di panorami, paesaggi, arte e architettura. Esempio: Un resort sulle Alpi che integra le viste panoramiche delle montagne con un design architettonico che utilizza materiali locali e una struttura che si fonde con il paesaggio.

- **Equilibrio**: Mantenere un equilibrio nell'uso degli elementi estetici, evitando eccessi che potrebbero essere sopraffacenti o distrattivi. Ogni elemento dovrebbe contribuire all'armonia complessiva dell'esperienza. Esempio: Un hotel di lusso che utilizza una decorazione minimalista ma elegante, con opere d'arte selezionate con cura e arredi raffinati che non sovraccaricano l'ambiente.

Aspetti pratici da prendere in considerazione

- **Progettazione degli Spazi:** Gli spazi devono essere progettati in modo da offrire un'esperienza estetica piacevole e coerente. Questo include la scelta dei materiali, i colori, le texture e l'illuminazione. Esempio: Un hotel sulla spiaggia che utilizza colori chiari, materiali naturali come il legno e la pietra, e ampie finestre che offrono viste spettacolari sull'oceano.

- **Curare i Dettagli: Descrizione**: Ogni dettaglio deve essere curato con attenzione, dalle decorazioni alle fragranze ambientali, per creare un'esperienza sensoriale completa. Esempio: Un resort termale che utilizza candele profumate, musica rilassante e tessuti morbidi per creare un ambiente che favorisce il relax e il benessere.

- **Coinvolgimento degli Artisti Locali: Descrizione**: Coinvolgere artisti locali nella decorazione e nell'arte presente negli spazi dell'hotel può aggiungere autenticità e bellezza. Esempio: Un boutique hotel che espone opere d'arte di artisti locali nelle camere e nelle aree comuni, creando una galleria d'arte vivente per gli ospiti.

Esempi di Strutture con Approccio Estetico

Villa Honegg, Svizzera

Situata in cima a una montagna, Villa Honegg offre viste panoramiche spettacolari e un design di lusso. L'uso di materiali naturali e l'attenzione ai dettagli estetici creano un ambiente esclusivo e rilassante.

https://villa-honegg.ch/de/

Keemala, Phuket, Thailandia

Questo resort utilizza un design ispirato alla natura con ville che sembrano nidi di uccello, offrendo un'esperienza estetica unica immersa nella foresta pluviale.

https://www.keemala.com/

Post Ranch Inn, Big Sur, California

Un resort che sfrutta la bellezza naturale della costa californiana, con design architettonico che si integra perfettamente con il paesaggio. Le camere offrono viste mozzafiato sull'oceano e sulla foresta.

https://postranchinn.com/

Kouros Hotel & Suites, Mykonos, Grecia

Situato sulla costa pittoresca di Mykonos, questo hotel offre viste mozzafiato sull'oceano direttamente dalle camere. Il design combina elementi moderni con il fascino tradizionale dell'isola, offrendo un'esperienza estetica equilibrata e rilassante.

https://www.kouroshotelmykonos.gr/

Round Hill Hotel and Villas, Giamaica

Questo resort di lusso combina il fascino storico con il comfort moderno, grazie anche alla partnership con il designer di moda Ralph Lauren. Le ville private immerse in giardini lussureggianti offrono un'esperienza estetica che cattura l'essenza dell'opulenza caraibica.

https://www.roundhill.com/

Hotel Eremito – Vacanze in Monastero

Eremito è un luogo mistico, il senso di estetica è legato al luogo, le valli umbre in cui è immerso amplifica il senso di spiritualità dell'l'Hotel ma anche conseguenza della cura con cui è stato progettato l'intero percorso di ospitalità

https://www.itinerariesperienziali.it/directory-offerte/listing/hotel-eremito-vacanze-in-monastero/

Principio 9: Intrattenimento

Il percorso esperienziale dovrebbe anche prevedere dei momenti di intrattenimento che arricchiscono e rendono piacevole l'esperienza

L'esperienza dovrebbe anche prevedere dei momenti di intrattenimento che arricchiscono e nello stesso tempo "alleggeriscono" il fruitore rendendo piacevole l'intero percorso con dei momenti di puro assorbimento. Non bisogna dimenticare che i fruitori di un'offerta esperienziale scelgono l'esperienza soprattutto per appagare il loro desiderio del piacere.

Elementi Chiave dell'Intrattenimento

- **Attività Divertenti:** Integrare attività ludiche e di svago che siano puramente per il divertimento degli ospiti. Queste possono includere giochi, concorsi, o momenti interattivi che coinvolgano gli ospiti.
- **Spettacoli:** Offrire spettacoli o esibizioni, come musica dal vivo, danze, teatro, o performance di artisti locali. Questi momenti di intrattenimento aggiungono valore all'esperienza e offrono un'opportunità per rilassarsi e godere dello spettacolo.
- **Interazioni Leggere:** Creare momenti di interazione leggera e giocosa, permettendo agli ospiti di connettersi tra loro in modo amichevole e non impegnativo. Questi momenti possono includere attività sociali e giochi di gruppo.
- **Sorprese Piacevoli:** Introdurre elementi sorpresa o inaspettati che possano deliziare e stupire gli ospiti. Queste sorprese possono essere piccole o grandi, ma sempre pensate per sorprendere piacevolmente gli ospiti.

Esempio: Un hotel che sorprende gli ospiti con degustazioni di vini improvvisate, piccole esibizioni artistiche o regali inaspettati nelle camere.

- **Progettazione di Eventi Tematici:** Creare eventi a tema che offrano un'esperienza di intrattenimento unica e coinvolgente. Gli eventi possono essere progettati per rispecchiare la cultura locale, le tradizioni o i temi stagionali. Esempio: Un resort invernale che organizza festival di ghiaccio e neve con sculture di ghiaccio, spettacoli di luci e attività sportive sulla neve.

- **Collaborazioni con Artisti Locali:** Collaborare con artisti e performer locali per offrire spettacoli autentici e di alta qualità. Questo non solo arricchisce l'esperienza degli ospiti, ma supporta anche la comunità locale. Esempio: Un hotel che ospita regolarmente serate di musica live con artisti locali, spettacoli di danza tradizionale e mostre d'arte.

Alcuni esempi di strutture dell'ospitalità che offrono esperienze di intrattenimento per arricchire la Guest Experience:

Atlantis Paradise Island, Bahamas

Questo resort offre un parco acquatico, spettacoli di delfini, casinò, e numerosi ristoranti e bar con intrattenimento serale. Le attività variano dai giochi in piscina ai concerti live.

https://www.atlantisbahamas.com/

Le Bristol Paris, Francia

Questo hotel di lusso offre serate di musica classica, degustazioni di champagne, e cene gourmet con spettacoli di cucina. Gli ospiti possono anche godere dei giardini privati e delle spa.

https://www.oetkercollection.com/fr/hotels/le-bristol-paris/

The Venetian Resort, Las Vegas, USA

Con una riproduzione dei canali di Venezia, questo resort offre gondole, spettacoli teatrali, concerti, casinò, e una vasta gamma di ristoranti e bar. Ogni angolo del resort è pensato per intrattenere e stupire gli ospiti.

https://www.venetianlasvegas.com/

Casa de Campo Resort & Villas, Repubblica Dominicana

Questo resort di lusso offre una vasta gamma di attività e intrattenimenti, tra cui lezioni di merengue sulla spiaggia, night club con musica dal vivo e spettacoli internazionali nell'anfiteatro di Altos de Chavón.

https://www.casadecampo.com.do/

Tamarijn Aruba All-Inclusive, Aruba

Situato su una spiaggia di un miglio, questo resort offre una varietà di attività diurne come windsurf, kayak e snorkeling. Di sera, si trasforma in un hotspot caraibico con serate a tema, musica dal vivo, balli e spettacoli di intrattenimento.

https://www.diviandtamarijnaruba.com/

Moon Palace Cancun, Messico

Questo resort all-inclusive è noto per il suo intrattenimento di classe mondiale, con una serie di bar e night club, spettacoli serali che includono danze Maya, concerti di DJ e feste tematiche.

https://www.moonpalacecancun.com/

Celtic Manor Resort, Newport, Galles

Questo ampio resort familiare offre numerose attività di intrattenimento, tra cui avventure nei boschi, combattimenti laser, minigolf e un club per bambini supervisionato.

https://www.celtic-manor.com/

Principio 10: Immersione

Il principio di immersione si basa sulla creazione di esperienze che coinvolgono gli ospiti a un livello profondo, sia sensoriale che emotivo. Questo principio è la conseguenza diretta dell'applicazione di altri principi esperienziali come la multisensorialità, la partecipazione diretta e l'approccio estetico. Un'esperienza immersiva permette agli ospiti di sentirsi completamente assorbiti e coinvolti nel contesto, che può essere naturale, culturale o tecnologico.

Così come per l'approccio estetico, alcuni percorsi esperienziali sono immersivi per la loro stessa natura. E' il caso di esperienze che vedono i visitatori a contatto diretto con la natura, o altri aspetti del patrimonio culturale. In questo caso il principio è applicato per il semplice fatto che i visitatori sono immersi nell'ambiente circostante, soprattutto se sono attori partecipanti in modo attivo alla esperienza.

La progettazione di un percorso esperienziale deve quindi prevedere attività di tipo immersivo che coinvolgono direttamente il partecipante in attività multisensoriali e che lo vedono coinvolto non solo dal punto di vista manuale e tattile ma anche intellettuale ed emotivo.

Elementi Chiave dell'Immersione

- **Ambienti Tematici:** Creare ambienti completamente allineati con il tema dell'esperienza. Ogni dettaglio deve contribuire all'atmosfera desiderata, offrendo un'esperienza coerente e coinvolgente. Esempio: Un hotel a tema medievale che utilizza arredi, decorazioni e personale in costume per trasportare gli ospiti in un'epoca passata.

- **Narrativa Coinvolgente:** Sviluppare una narrativa interessante e coinvolgente che guidi gli ospiti attraverso l'esperienza. La storia dovrebbe catturare l'immaginazione e mantenere l'interesse degli ospiti. Esempio: Un tour guidato in una città storica che utilizza attori per rappresentare figure storiche e raccontare storie del passato, coinvolgendo gli ospiti in una narrazione viva.

- **Utilizzo della Tecnologia:** Implementare tecnologie avanzate per migliorare l'immersione. La VR (Realtà Virtuale) e l'AR (Realtà Aumentata) possono essere utilizzate per creare esperienze interattive che arricchiscono la comprensione e il coinvolgimento degli ospiti..

- **Creazione di Esperienze Tematiche:** Sviluppare esperienze tematiche che siano coerenti e coinvolgenti. Ogni aspetto dell'esperienza, dalle attività proposte alle decorazioni, deve essere allineato con il tema scelto. Esempio: Un resort tropicale che offre esperienze di avventura come escursioni nella giungla, snorkeling e serate a tema polinesiano con cene e danze tradizionali.

Esempi di strutture dell'ospitalità con esperienze immersive

Soneva Kiri, Thailandia

Offre un cinema all'aperto immerso nella giungla, cene in casette sugli alberi e un osservatorio per l'osservazione delle stelle, creando un'esperienza unica e immersiva.

https://soneva.com/resorts/soneva-kiri/

Feuerstein Nature Family Resort

Il **Feuerstein Nature Family Resort** è un hotel che offre un'esperienza unica e immersiva per le famiglie che cercano una vacanza che combina lusso, natura e attività avventurose.

L'Hotel è immerso nella natura, offrendo un'esperienza autentica e unica nel suo genere, dove le famiglie possono connettersi con l'ambiente circostante e godere della bellezza e della tranquillità delle montagne e delle foreste circostanti. Le attività offerte sono progettate per permettere agli ospiti di esplorare e interagire con l'ambiente naturale, grazie anche a diverse possibilità che includono escursioni, esplorazioni e altre attività all'aperto che permettono di vivere la natura in modo diretto, personale e, soprattutto, immersivo.

https://www.itinerariesperienziali.it/directory-offerte/listing/feuerstein-nature-family-resort/

Mhondoro Safari Lodge & Villa, Sudafrica

Situato nella Riserva Naturale di Welgevonden, questo lodge offre safari esclusivi, passeggiate nella savana, monitoraggio dei rinoceronti e osservazione delle stelle, immersi nella bellezza naturale del Sudafrica.

https://www.mhondoro.com/

3. Qualità della Guest Experience

3.1 Fattori e Indicatori della Qualità

Definizione di Qualità

La norma ISO 9000: 2015 (Fondamenti e vocabolario) fornisce la seguente definizione:

Qualità: Grado in cui un insieme di caratteristiche intrinseche di un oggetto soddisfa i requisiti

Questa ultima definizione si avvicina alla definizione da me utilizzata sin dal 2013:

Qualità

*Capacità di un insieme di caratteristiche inerenti un'**entità** di confermare le **aspettative** ad essa riferibili da tutte le **parti interessate***

Esiste la necessità di individuare, per ogni settore, gli elementi alla base del concetto di qualità:

- **l'entità cui va applicata la qualità:** Prodotto specifico, sistema, servizio, attività, organizzazione o una qualsiasi combinazioni delle precedenti (nel nostro caso potremmo anche parlare di percorsi esperienziali, percorsi di interpretazione, allestimenti, servizi di interpretazione, ecc.;)

- **aspettative (bisogni):** È ciò che si aspettano le parti interessate, nel caso delle esperienze e dei percorsi di interpretazione, semplificando e restringendo il cerchio, possiamo pensare ai partecipanti al percorso esperienziale e alle modalità con cui con cui questo viene offerto.

- **parti interessate (chi esprime le aspettative o i bisogni) in funzione dell'entità:** Che a seconda i casi si può chiamare cliente, utente, turista, fruitore del bene o servizio culturale, allievo, ospite, partecipante, cittadino, autorità o addirittura la comunità stessa.

Le aspettative (bisogni)

È ciò che si aspettano le parti interessate.

Le Aspettative (bisogni) possono essere:

- esplicite,
- implicite
- cogenti

Aspettative esplicite

Le più semplici da individuare, se l'offerta esperienziale è stata comunicata in modo corretto ed esaustivo è quello che l'utente espliciterà in sede di eventuale prenotazione

- la richiesta di una prenotazione di una offerta può essere indicata esplicitamente in forma documentale sotto forma di ordine, eventualmente online, ma laddove è ammissibile, anche verbalmente;
- la richiesta dei servizi aggiuntivi previsti dalla struttura ricettiva da parte dell'ospite sono da considerare espliciti.

Aspettative implicite

Le aspettative implicite sono quelle che difficilmente saranno esplicitate anche se costituiscono le basi della stessa offerta.

L'ospite probabilmente non dichiarerà esplicitamente ma potranno fa parte delle sue aspettative alcuni dei seguenti aspetti:

- esperienza memorabile
- cortesia

- accoglienza

- rispetto dei contenuti del servizio promesso

- rispetto dei tempi prestabiliti

- acquisire nuove conoscenze

- scoprire nuovi aspetti della vita e del territorio

- coinvolgimento

- evasione

- bisogni estetici (estetica ed autorealizzazione)[5]

- Nel richiedere, ad esempio, una pizza margherita è di norma implicito che non venga bruciacchiata.

Aspettative cogenti (obbligatorie)

Ci riferiamo al rispetto di norme e leggi in vigore o di altre norme tecniche possibilmente non conosciute al fruitore del servizio:

- normativa sulla privacy

- normativa sulla sicurezza

- normativa sull'igiene degli alimenti (HACCP)

- diritti del turista

- normative sulle informative da fornire per i prodotti o i servizi usati a supporto del servizio offerto

- ecc.

---

[5] A proposito del bisogno di autorealizzazione si veda la scala dei bisogni di Abraham H. Maslow

I Fattori della Qualità

Definita cosa è la qualità bisogna misurarla ma per fare questo bisogna necessariamente dotarsi di un opportuno sistema di rilevazione della qualità.

Ma un sistema per la misurazione della qualità nei settori che sono di nostro interesse che sia efficace e aderente alla realtà operativa, dovrà tenere conto di parecchi fattori che dovranno sistematicamente essere individuati.

Ecco, quindi, la necessità di individuare oltre all'**entità** a cui va applicato il concetto di qualità e le **parti interessate** (chi esprime le aspettative o i bisogni in funzione dell'entità) anche i **fattori di qualità.**

I fattori della qualità dovranno essere poi trasformati in indicatori misurabili per poter effettuare dei confronti. È attraverso l'applicazione di questi fattori che si dà conferma alle aspettative delle varie parti interessate.

Gli Indicatori della Qualità

I fattori di qualità costituiscono lo strumento principale per la percezione della qualità da parte di chi esprime le esigenze/bisogni/aspettative.

Gli indicatori di qualità sono invece delle variabili quantitative (e quindi misurabili) che permettono di misurare il livello qualitativo nel suo complesso in quanto ritenute "indicative" del fattore di qualità, sono quindi degli indicatori oggettivi e possono essere:

- **Indicatori di sistema**: comprendono indicatori strutturali, tecnologici e organizzativi;

- **Indicatori di risultato**: indicatori relative a misurazioni dirette da parte degli utenti relativi alla qualità percepita (indicatori di soddisfazione dei fruitori dei servizi) o da parte di personale specializzato (valutatori esterni, mistery auditor);

- **Indicatori di processo**: comprendono la presenza di procedure e processi operativi specifici;

- **Indicatori di contesto**: comprendono indicatori esterni non sempre direttamente controllabili dai gestori diretta dell'offerta turistica (mezzi pubblici, strade, taxi, cartellonistica esterna, informazioni turistiche, ecc.)

Una classificazione proposta dei fattori di qualità è la seguente:

FB Fattori Base

- FB1: Cortesia

- FB2: Competenza

- FB3: Empatia

- FB4: Flessibilità

- FB5: Accoglienza

- FB6: Comunicazione

- FB7: Affidabilità

- FB8: Trasparenza

- FB9: Tempestività

- FB10: Continuità

- FB11: Elasticità

- FB12: Sicurezza

- FB13: Infrastrutture e Attrezzature

- FB14: Tutela

- FB15: Motivazione

- FB16: Accessibilità generale

- FB17: Pianificazione

Suddivisione settoriale dei fattori base

Qualità relazionale

- FB1: Cortesia
- FB3: Empatia
- FB5: Accoglienza
- FB6: Comunicazione

Qualità organizzativa

- FB4: Flessibilità
- FB8: Trasparenza
- FB9: Tempestività
- FB10: Continuità
- FB11: Elasticità
- FB16: Accessibilità generale (siti web, presenza di strumenti di comunicazione + (orari, lontananza, trasporti, ecc.)
- FB17: Pianificazione

Qualità tecnica

- FB2: Competenza
- FB7: Affidabilità
- FB12: Sicurezza
- FB13: Infrastrutture e Attrezzature

Qualità sociale

- FB14: Tutela
- FB15: Motivazione

- **FA Fattori di Equità/Accessibilità in base ai bisogni**

  - FA1: Accessibilità motoria

  - FA2: Accessibilità visiva

  - FA3: Accessibilità uditiva

  - FA4: Accessibilità sociale

  - FA5: Accessibilità economica

  - FA6: Accessibilità alimentare

  - FA7: Accessibilità ambientale

  - FA8: Accessibilità per animali domestici

  - FA9: Accessibilità per familiari (bambini, anziani)

  - FA10: Accessibilità per ulteriori bisogni speciali (es. disabilità mentali o psichiche)

- **FS: Fattori di Sostenibilità**

  - FS1: Sostenibilità Energetica

  - FS2: Sostenibilità Alimentare

  - FS3: Sostenibilità della Mobilità

  - FS4: Sostenibilità delle Comunicazioni

  - FS5: Sostenibilità degli Imballaggi

  - FS6: Sostenibilità dei Rifiuti

  - FS7: Sostenibilità dei Fornitori

  - FS8: Sostenibilità delle Location per eventi e incontri

  - FS9: Sostenibilità Gestionale

FE: Fattori Esperienziali

- FE1: Approccio Multisensoriale
- FE2: Approccio culturale
- FE3: Unicità
- FE4: Approccio relazionale
- FE5: Partecipazione diretta
- FE6: Apprendimento esperienziale
- FE7: Approccio tematico
- FE8: Approccio estetico.
- FE9: Intrattenimento
- FE10: Immersione

FI: Fattori Interpretativi

- FI1: Rivelazione (comunicazione ermeneutica)
- FI2: Provocazione (comunicazione basata sulla provocazione)
- FI3: Approccio sistemico (visione olistica)
- FI4: Approccio su misura
- FI5: Approccio creativo
- FI6: Interpretazione fondata sui fatti
- FI7: Semplicità e coerenza comunicativa
- FI8: Connessione emotiva (passione)

FC: Fattori di Contesto (Contesto, attrattive e risorse del territorio)

- FC1: Salute e Igiene (condizioni igienico-sanitarie, epidemie)

- FC2: Sicurezza Pubblica (criminalità, violenza, fenomeni di terrorismo)

- FC3; Politica dei Prezzi

- FC4: Politiche di Sostenibilità

- FC5: Politiche di Sviluppo e Incentivi

- FC6: Innovazione

- FC7: Politiche partecipative

- FC8: Attrazioni Endogene

- FC9: Attrazioni Indotte

- FC10: Risorse Hardware

- FC11: Risorse Software

In questo secondo volume, non ripeterò la descrizione degli insiemi di fattori illustrati nel primo volume[6] e approfonditi nel libro Destination Management[7]: Qualità e Competitività delle Destinazioni Turistiche. Mi limiterò a elencare e poi descrivere, adattandoli al contesto dell'ospitalità, quei fattori che sono essenziali e non possono essere trascurati nel settore dell'ospitalità.

---

[6] Ignazio Caloggero: Turismo e Marketing Esperienziale. 2023 Edizione Centro Studi Helios
[7] Ignazio Caloggero: Destination Management: Qualità e Competitività delle Destinazioni Turistiche. 2024 Edizione Centro Studi Helios

Qualità relazionale

- FB1: Cortesia
- FB3: Empatia
- FB5: Accoglienza
- FB6: Comunicazione

FB1: Cortesia

Il fattore di qualità "Cortesia" si concentra sulla gentilezza, il rispetto, la considerazione e la cordialità dimostrati dal personale nei confronti degli ospiti. Questo fattore è cruciale in qualsiasi contesto di servizio o interazione diretta con i clienti, poiché influisce direttamente sulla percezione della qualità del servizio ricevuto. La cortesia non riguarda solo le parole scelte, ma anche il tono di voce, il linguaggio del corpo, e la capacità di ascoltare attivamente, creando un ambiente accogliente e positivo. La presenza di cortesia nel personale contribuisce a costruire relazioni di fiducia con i clienti, migliorando la loro esperienza complessiva e aumentando il livello di soddisfazione.

Aspetti da prendere in considerazione nella Guest Experience

- **Gentilezza e Rispetto:** Trattare gli ospiti con gentilezza e rispetto in ogni interazione. Questo implica l'uso di un linguaggio cortese e il mantenimento di un atteggiamento positivo. Esempio: Il personale della reception che saluta ogni ospite con un sorriso e un caloroso benvenuto.

- **Considerazione e Cordialità:** Mostrare considerazione per le esigenze e le preferenze degli ospiti. Esempio: Un cameriere che ricorda le preferenze alimentari di un ospite abituale e offre suggerimenti personalizzati.

- **Tono di Voce e Linguaggio del Corpo:** Utilizzare un tono di voce amichevole e un linguaggio del corpo aperto e accogliente per mettere a proprio agio gli ospiti. Esempio: Un Guest Experience Manager (Guest Relations Manager) che mantiene il contatto visivo e utilizza gesti rassicuranti mentre fornisce informazioni turistiche.

- **Capacità di Ascolto Attivo:** Prestare attenzione alle parole degli ospiti, mostrando capacità di ascolto e comprensione. Esempio: Un addetto al front office che ascolta attentamente una lamentela e fornisce una soluzione appropriata e tempestiva.

- **Proattività nel Servizio:** Anticipare le esigenze degli ospiti e offrire assistenza prima che venga richiesta. Esempio: Un Guest Experience Manager (Guest Relations Manager) che suggerisce proattivamente attrazioni locali o un cameriere che riempie il bicchiere d'acqua senza che venga richiesto.

Alcuni indicatori per questo fattore di qualità:

- **FB1-1 Reclami:** Tasso di reclami, lamentele o segnalazioni imputabili alla scortesia del personale

- **FB1-2 Feedback degli Ospiti:** Valutazioni e commenti degli ospiti riguardo alla percezione della cortesia del personale.

- **FB1-3 Frequenza di Formazione sulla Cortesia e il Servizio Clienti:** Numero di sessioni di formazione annuali dedicate alla cortesia e al servizio clienti..

- **FB1-4 Feedback d Mistery Guest:** Punteggi e commenti ricevuti dagli Audit a seguito di programmi di mistery guest relativi alla qualità del servizio e alla cortesia del personale. Questi programmi utilizzano visitatori anonimi per valutare il servizio (Mistery Auditor).

Questo fattore si concentra sulla capacità dell'organizzazione, e in particolare del personale che interagisce direttamente con gli utenti, di offrire un servizio che risponda in modo sensibile ai bisogni specifici e individuali di ciascun ospite. Questo fattore implica una profonda comprensione e considerazione delle esperienze, delle emozioni e delle situazioni uniche di ogni persona, permettendo di fornire risposte e soluzioni che riflettano un autentico interesse per la soddisfazione del cliente.

L'empatia va oltre la mera cortesia; richiede un ascolto attivo, una comunicazione efficace e la capacità di mettersi nei panni dell'altro per percepire le sue esigenze da una prospettiva personale. Un approccio empatico consente di attivare connessioni significative con gli utenti, migliorando la loro esperienza complessiva e contribuendo a costruire una relazione di fiducia tra le parti.

Aspetti Chiave dell'Empatia nella Guest Experience

- **Ascolto Attivo:** Prestare attenzione completa e sincera alle parole degli ospiti, comprendendo non solo ciò che viene detto, ma anche le emozioni sottostanti. Esempio: Un addetto alla reception che ascolta attentamente un ospite che presenta un problema, mostrando comprensione e prendendo immediatamente provvedimenti per risolverlo.

- **Comunicazione Efficace:** Utilizzare un linguaggio chiaro e comprensivo, rispondendo alle domande e preoccupazioni degli ospiti in modo efficace e sensibile. Esempio: Un addetto al front office, che spiega dettagliatamente le opzioni di trasporto disponibili, adattando la comunicazione in base alle necessità specifiche dell'ospite.

- **Personalizzazione del Servizio:** Adattare i servizi offerti alle esigenze individuali degli ospiti, mostrando un autentico interesse per le loro preferenze e necessità. Esempio: Un cameriere che ricorda e rispetta le preferenze alimentari di un ospite abituale, suggerendo piatti che si adattano alle sue esigenze dietetiche o un receptionist che ricorda il nome degli ospiti abituali e i loro preferiti in termini di camere o servizi

- **Comprensione delle Emozioni:** Riconoscere e comprendere le emozioni degli ospiti, rispondendo in modo appropriato per alleviare lo stress e migliorare l'esperienza. Esempio: Un manager che offre un upgrade gratuito a un ospite che ha subito un ritardo nel volo, riconoscendo il disagio e cercando di migliorare il soggiorno.

- **Proattività nel Rispondere alle Esigenze:** Anticipare le necessità degli ospiti e agire proattivamente per soddisfarle prima che vengano espresse. Esempio: Un addetto al front office che nota che un ospite sta cercando informazioni sulla città e si offre di fornire una mappa e suggerimenti sulle attrazioni locali.

Alcuni indicatori per questo fattore di qualità.

- **FB3-1 Reclami:** Tasso di reclami, lamentele o segnalazioni imputabili alla mancanza di empatia o sensibilità da parte del personale.

- **FB3-2 Feedback degli Ospiti:** Valutazioni e commenti degli ospiti che menzionano positivamente l'empatia dimostrata dal personale.

- **FB3-3 Tempo di Risoluzione dei Problemi Emotivi:** Tempo medio impiegato dal personale per risolvere problemi che hanno un impatto emotivo sugli ospiti. Per la valutazione di questo indicatore è necessario attivare un sistema di monitoraggio dei tempi di risoluzione delle lamentele relative a situazioni stressanti o emotivamente cariche.

- **FB3-4 Valutazioni delle Prestazioni del Personale sull'Empatia:** Punteggio medio delle valutazioni annuali delle prestazioni del personale relative alla dimostrazione di empatia.

- **FB3-5 Frequenza della Formazione sull'Empatia:** Numero di sessioni di formazione annuali dedicate all'empatia e alla sensibilità emotiva completate dal personale.

- **FB3-6 Feedback dai Programmi Mystery Guest sull'Empatia:** Punteggi specifici relativi all'empatia del personale ottenuti da audit di mystery guest.

Questo fattore, cruciale nel settore turistico, si focalizza sulla creazione di ambienti gradevoli, accoglienti e confortevoli, che contribuiscano a una sensazione generale di benessere per l'ospite. Questo fattore include non solo l'aspetto fisico delle strutture e delle attrezzature ma anche l'atteggiamento del personale, che dovrebbe trasmettere calore e professionalità. Inoltre, l'accoglienza può essere arricchita attraverso l'offerta di servizi di cortesia aggiuntivi, come aree di attesa confortevoli, bevande di benvenuto, accesso a Wi-Fi gratuito, e altri piccoli extra che possono fare una grande differenza nell'esperienza complessiva dell'ospite. L'importanza dell'accoglienza risiede nella sua capacità di influenzare positivamente la percezione iniziale dell'ospite e di instaurare una relazione positiva fin dal primo contatto.

Ecco alcuni elementi chiave relativi a questo fattore:

- **Ambienti Gradevoli**: Questo include la progettazione e la decorazione degli spazi pubblici, degli alloggi, dei ristoranti e di altri luoghi visitati dagli ospiti. Gli ambienti dovrebbero essere accoglienti, esteticamente piacevoli e confortevoli.

- **Aspetto delle Strutture**: La qualità estetica delle strutture, come hotel, ristoranti e attrazioni, è importante per la prima impressione dei visitatori.

- **Cordialità e Professionalità**: L'atteggiamento del personale coinvolto nelle diverse offerte e nei servizi interessati alla esperienza è sicuramente un elemento alla base dell'accoglienza turistica.

- **Servizi di Cortesia**: A livello di strutture dell'ospitalità questi aspetti possono includere servizi aggiuntivi che a seconda i casi possono tradursi in: benvenuto con bevanda e/o o prodotti tipici del luogo, servizio di concierge offerti da hotel, resort o altre strutture dell'ospitalità (si tratta in sostanza di assistere i clienti nelle loro esigenze e richieste durante il soggiorno), parcheggio gratuito e altri servizi che migliorano la comodità dei turisti.

- **Informazioni di Benvenuto**: Fornire informazioni di benvenuto ai turisti, come mappe della destinazione, guide turistiche e suggerimenti su cosa fare, può aiutare i visitatori a pianificare il loro soggiorno.

- **Personalizzazione dell'Accoglienza**: La capacità di personalizzare l'accoglienza in base alle esigenze dei visitatori, ad esempio offrendo servizi per famiglie o per viaggiatori d'affari o di studio.

- **Servizi di Assistenza**: Offrire servizi di assistenza come trasferimenti da e per l'aeroporto, navette pubbliche e private, servizi dedicati ai bambini, servizi di prenotazione di attività o tour guidati, ecc.

- **Feedback e Valutazioni dei turisti**: Raccogliere feedback e valutazioni dirette dei turisti sul livello di accoglienza e sulla loro esperienza generale può aiutare a identificare aree di miglioramento.

- **Formazione del Personale**: Assicurare che il personale coinvolto nelle strutture e nei servizi e nelle offerte turistiche, sia ben addestrato sull'accoglienza.

- **Cura dell'Atmosfera**: La creazione di un'atmosfera accogliente attraverso l'illuminazione, la musica e la disposizione degli arredi dei luoghi, anche pubblici. può influenzare positivamente l'esperienza dei turisti.

- **Segnaletica Chiara**: Una segnaletica chiara e ben posizionata all'interno delle strutture turistiche può aiutare i visitatori a orientarsi e a sentirsi benvenuti.

- **Attenzione ai Dettagli**: Prestare attenzione ai piccoli dettagli che possono migliorare l'esperienza dell'ospite, mostrando un alto livello di cura e dedizione. Esempio: La presenza di un biglietto di benvenuto personalizzato o piccoli omaggi come cioccolatini o fiori in camera.

Alcuni indicatori per questo fattore di qualità.

- **FB5-1 Reclami**: Tasso di reclami, lamentele o segnalazioni riguardanti l'accoglienza e la qualità del benvenuto.

- **FB5-2 Feedback degli Ospiti**: Valutazioni e commenti degli ospiti che menzionano positivamente l'accoglienza.

- **FB5-3 Frequenza della Formazione sull'Accoglienza:** Numero di sessioni di formazione annuali dedicate alla qualità dell'accoglienza.

- **FB5-4 Feedback dai Programmi Mystery Guest sull'Empatia:** Punteggi specifici relativi alla qualità dell'accoglienza ottenuti da audit di mystery guest.

Ulteriori indicatori di accoglienza:

- **FB5-5** Presenza di personale che accoglie e orienta i visitatori

- **FB5-6** Presenza di arredi per l'accoglienza nella Hall e nelle aree comuni (evidenze: sedie, poltrone, divani)

- **FB5-7** Presenza Kit di benvenuto in camera (Es: frutta, bibite, gadget, ecc)

- **FB5-8** Presenza di ambienti gradevoli e confortevoli (evidenze: evidenze: luci, colori e temperatura adeguati, musica di sottofondo, assenza di rumori estranei al contesto,

- **FB5-9** Disponibilità di dépliant turistici gratuiti a disposizione dei fruitori

- **FB5-10** Disponibilità di libri e riviste di vario genere

- **FB5-11** Presenza di quotidiani

- **FB5-12** La reception offre la possibilità di prenotare per gli ospiti servizi esterni (ristoranti, musei, trasporti, ecc)

- **FB5-13** WiFi per gli ospiti

- **FB5-14** Cassaforte

- **FB5-15** Stireria

- **FB5-16** Parcheggio interno gratuito

- **FB5-17** Vasca da bagno

- **FB5-18** Presenza frigobar in camera

- **FB5-19** Presenza televisore satellitare

- **FB5-20** Presenza scrivania/tavolo con spazio adeguato per lavorare

- **FB5-21** Presenza di una poltrona in camera

- **FB5-22** Presenza di pantofole per gli ospiti

- **FB5-23** Servizio sveglia

Il fattore di qualità "Comunicazione" sottolinea l'importanza di una comunicazione efficace e chiara tra l'organizzazione e le parti interessate, inclusi ospiti e altri stakeholder.

Questo fattore comprende vari aspetti chiave:

- **Disponibilità e Capacità di Ascolto**: Si riferisce alla prontezza dell'organizzazione e del suo personale nell'essere accessibili per ascoltare le esigenze, le preoccupazioni e i feedback delle parti interessate. Esempio: Un servizio di reception disponibile 24/7 per rispondere a qualsiasi domanda o preoccupazione degli ospiti, e la presenza di canali di comunicazione aperti come e-mail, chat online e numeri di telefono dedicati.

- **Informazioni Complete**: Questo aspetto si traduce nel dare informazioni dettagliate, accurate e trasparenti riguardo ai servizi offerti, incluse caratteristiche, costi, procedure ed eventuali altri aspetti rilevanti. La disponibilità di informazioni complete aiuta gli utenti a prendere decisioni informate e riduce la possibilità di malintesi o insoddisfazioni. Esempio: Un sito web dell'hotel che include descrizioni dettagliate delle camere, prezzi chiari e informazioni sui servizi disponibili, così come guide turistiche della zona

- **Linguaggio Comprensibile**: Sottolinea l'uso di un linguaggio chiaro, semplice e privo di termini eccessivamente complessi, in modo che tutte le informazioni siano facilmente comprensibili da tutti gli utenti, indipendentemente dal loro background o livello di conoscenza. Esempio: Materiali informativi e segnaletica interna redatti in un linguaggio accessibile e disponibili in più lingue per ospiti internazionali.

- **Multicanalità**: Evidenzia la capacità di comunicare attraverso diversi canali, inclusi telefono, e-mail, chat online, social media e piattaforme di messaggistica.

Alcuni indicatori per questo fattore di qualità.

- **FB6-1 Reclami**: Tasso di reclami, lamentele o segnalazioni riguardanti informazioni incomplete, inesatte o fuorvianti.

- **FB6-2 Feedback degli Ospiti**: Valutazioni e commenti degli ospiti che menzionano positivamente la chiarezza e la completezza delle informazioni fornite.

- **FB6-3 Frequenza della Formazione sulla Comunicazione:** Numero di sessioni di formazione annuali dedicate alla qualità della comunicazione.

- **FB5-4 Feedback dai Programmi Mystery Guest sulla Qualità della Comunicazione:** Punteggi specifici relativi alla qualità della comunicazione ottenuti da audit di mystery guest.

- **FB6-5: Accessibilità delle Informazioni Online**: Facilità di accesso e navigazione delle informazioni sui servizi e sulle strutture tramite il sito web dell'hotel.

- **FB6-6: Presenza di segnaletica informativa esterna:** Presenza di adeguata cartellonistica e segnaletica interna

- **FB6-7: Presenza di segnaletica informativa interna:** Presenza di adeguata cartellonistica e segnaletica interna

- **FB6-8:** Presenza di personale che illustra i servizi offerti e le modalità di fruizione degli stessi

- **FB6-9:** Presenza personale multilingue

- **FB6-10:** Presenza sito web multilingue

- **FB6-11:** Presenza nel sito web di un modulo contatti e informazioni del percorso per arrivare alla struttura

Da notare come alcuni indicatori relativi alla comunicazione, possono essere utilizzati anche per il fattore qualità "Accessibilità"

Qualità organizzativa

- FB4: Flessibilità
- FB9: Tempestività
- FB10: Continuità
- FB11: Elasticità
- FB16: Accessibilità generale (siti web, presenza di strumenti di comunicazione + (orari, lontananza, trasporti, ecc.)
- FB17: Pianificazione

FB4: Flessibilità

Questo aspetto si riferisce alla capacità di un servizio di adattarsi efficacemente al variare delle esigenze e delle richieste specifiche degli utenti. La flessibilità implica la disponibilità e l'abilità di modificare i processi, i prodotti o i servizi per incontrare le esigenze individuali o situazioni particolari, garantendo al contempo che la qualità e l'efficienza del servizio rimangano elevate.

Un servizio flessibile è in grado di offrire soluzioni personalizzate, di gestire richieste non standard e di rispondere prontamente a situazioni impreviste, migliorando così la soddisfazione del cliente.

Aspetti Chiave della Flessibilità nella Guest Experience

- **Adattamento delle Prenotazioni:** Capacità di modificare le prenotazioni in base alle esigenze degli ospiti, come cambi di data, tipo di camera o servizi aggiuntivi.

- **Personalizzazione del Servizio:** Offrire servizi personalizzati che rispondano alle preferenze e alle necessità individuali degli ospiti, come diete speciali o esigenze di accessibilità.

- **Gestione delle Richieste Non Standard:** Capacità di gestire e soddisfare richieste particolari che esulano dai servizi standard offerti.

- **Risposta a Situazioni Impreviste:** Capacità di rispondere prontamente e efficacemente a situazioni impreviste, garantendo il minimo disagio per gli ospiti.

Alcuni indicatori per questo fattore di qualità.

- **FB4-1 Reclami**: Tasso di reclami, lamentele o segnalazioni riguardanti la flessibilità del personale e della organizzazione.

- **FB4-2 Feedback degli Ospiti**: Valutazioni e commenti degli ospiti che menzionano positivamente la flessibilità del personale e della organizzazione.

- **FB4-3 Feedback dai Programmi Mystery Guest sull'Empatia:** Punteggi specifici relativi alla flessibilità del personale e della organizzazione ottenuti da audit di mystery guest.

- **FB4-4: Tasso di Modifiche alle Prenotazioni:** Percentuale di prenotazioni che vengono modificate con successo in base alle richieste degli ospiti senza problemi.

- **FB4-5: Numero di Richieste Personalizzate Gestite:** Numero di richieste speciali o personalizzate gestite e soddisfatte dal personale.

- **FB4-6: Tasso di Soddisfazione per le Richieste Non Standard:** Percentuale di feedback positivi relativi alla gestione delle richieste non standard degli ospiti.

- **FB4-7: Disponibilità di Servizi Personalizzati:** Numero e varietà di servizi personalizzati disponibili e utilizzati dagli ospiti.

FB9: Tempestività

In questo caso ci riferiamo alla rapidità con cui un servizio viene fornito agli utenti dopo che ne è stata fatta richiesta o dopo che l'organizzazione si è impegnata a erogarlo. Questo fattore è essenziale per valutare l'efficienza e la reattività di un'organizzazione nel soddisfare le esigenze dei clienti.

Aspetti Chiave della Tempestività nella Guest Experience

- **Tempo di Risposta alle Richieste:** Il tempo impiegato per rispondere alle richieste degli ospiti, come prenotazioni, domande e richieste di assistenza.

- **Tempo di Check-In e Check-Out:** La rapidità con cui vengono gestiti i processi di check-in e check-out per minimizzare il tempo di attesa degli ospiti.

- **Tempestività nel Servizio in Camera:** Il tempo medio impiegato per consegnare ordini di servizio in camera, come pasti o extra richiesti dagli ospiti.

- **Tempestività nella Risoluzione dei Problemi:** La rapidità con cui vengono risolti i problemi tecnici o le richieste di manutenzione segnalate dagli ospiti.

- **Erogazione dei Servizi Offerti:** La puntualità nell'erogazione dei servizi offerti, come trasporti, escursioni o eventi speciali.

- **Tempestività delle Comunicazioni:** La capacità dell'organizzazione di fornire informazioni aggiornate e tempestive riguardo a qualsiasi cambiamento o aggiornamento dei servizi.

Alcuni indicatori per questo fattore di qualità.

- **FB9-1 Reclami**: Tasso di reclami, lamentele o segnalazioni riguardanti ritardi nella fornitura dei servizi

- **FB9-2 Feedback degli Ospiti**: Valutazioni e commenti degli ospiti relativi alla tempestività dei servizi ricevuti.

- **FB9-3 Feedback dai Programmi Mystery Guest sull'Empatia**: Punteggi specifici relativi alla tempestività ottenuti da audit di mystery guest.

- **FB9-4 Tempo Medio di Risposta alle Richieste degli Ospiti**

- **FB9-5 Tempo Medio di Check-In e Check-Out**

- **FB9-6 Tempo Medio di Consegna del Servizio in Camera**

- **FB9-7 Tempo Medio di Risoluzione dei Problemi Tecnici**

Il fattore di qualità "Continuità" sottolinea l'importanza di assicurare una fornitura ininterrotta e regolare di un servizio durante un definito intervallo di tempo. Questo fattore è fondamentale per garantire che gli utenti possano affidarsi costantemente al servizio, senza dover affrontare interruzioni inaspettate o riduzioni della qualità.

Nel contesto dei servizi turistici, la continuità può riferirsi alla capacità di offrire esperienze e servizi in modo costante e affidabile nel corso del tempo, indipendentemente dalla stagione, dalle condizioni meteorologiche o da altri fattori esterni. Un esempio di continuità in questo settore potrebbe essere un resort che garantisce la disponibilità dei suoi servizi principali, come l'alloggio, il ristorante, le attività ricreative e il trasporto, tutto l'anno senza interruzioni.

Immaginate, ad esempio, un resort situato in una località montana che offre attività sia estive che invernali. La continuità in questo caso significherebbe che il resort è in grado di fornire la sua offerta turistica in tutte le stagioni. D'estate, i turisti potrebbero fruire di servizi quali escursioni, ciclismo e altre attività all'aperto, mentre d'inverno, lo stesso resort potrebbe offrire servizi legati alle attività invernali. Inoltre, il resort potrebbe implementare piani di emergenza per affrontare interruzioni impreviste, come maltempo estremo o guasti alle infrastrutture, per assicurare che l'impatto sui visitatori sia minimizzato. Questo potrebbe includere, ad esempio, la disponibilità di alternative di intrattenimento indoor.

Aspetti Chiave della Continuità nella Guest Experience

- **Disponibilità dei Servizi:** Capacità di offrire servizi principali in modo ininterrotto durante un arco temporale molto ampio, possibilmente pe tutto l'anno, indipendentemente dalle stagioni o dai cambiamenti climatici.

- **Piani di Emergenza e Sistemi di Riserva:** Implementazione di piani di emergenza e sistemi di riserva per affrontare interruzioni impreviste, garantendo la continuità del servizio.

- **Manutenzione Preventiva:** Esecuzione regolare di attività di manutenzione preventiva per evitare guasti e interruzioni del servizio.

- **Formazione del Personale:** Formazione continua del personale per garantire che siano pronti a gestire situazioni impreviste e mantenere il servizio costante.

- **Gestione delle Risorse:** Utilizzo efficace delle risorse per garantire la continuità del servizio, anche durante i periodi di alta domanda.

- **Tecnologia di Supporto:** Utilizzo di tecnologie avanzate per monitorare e garantire la continuità dei servizi. Esempio: Sistemi di monitoraggio in tempo reale per il controllo delle infrastrutture critiche dell'hotel, come acqua ed elettricità.

Alcuni indicatori per questo fattore di qualità.

- **FB10-1 Reclami:** Tasso di reclami, lamentele o segnalazioni ricevuti dagli ospiti riguardo a interruzioni del servizio.

- **FB10-2 Feedback degli Ospiti**: Valutazioni e commenti degli ospiti relativi sulla continuità del servizio

- **FB10-3 Tasso di Interruzioni del Servizio:** Numero di interruzioni del servizio registrate in un dato periodo.

- **FB10-4 Tempo Medio di Risoluzione delle Interruzioni:** Tempo medio necessario per risolvere le interruzioni del servizio.

- **FB10-5 Implementazione di Sistemi di Riserva:** Numero di sistemi di riserva implementati per garantire la continuità dei servizi. Esempio: presenza ed efficacia di generatori di corrente, riserve d'acqua e altri sistemi di riserva.

FB11: Elasticità

Il fattore di qualità "Elasticità" descrive la capacità di un servizio di adattarsi dinamicamente al variare del volume di domanda da parte degli ospiti o utenti. Nel settore turistico, l'elasticità è particolarmente importante poiché il flusso di turisti può variare notevolmente a seconda della stagione, degli eventi speciali o delle vacanze.

Aspetti Chiave della Elasticità nella Guest Experience

- **Alloggi Flessibili:** Un hotel o un resort potrebbe aumentare il numero di camere disponibili o modificare la configurazione delle stesse per ospitare un maggior numero di visitatori durante i periodi di alta stagione, come le vacanze estive o gli eventi locali di grande richiamo.

- **Personale Scalabile:** Una struttura del settore dell'ospitalità potrebbe assumere personale aggiuntivo temporaneo durante i picchi di affluenza, per mantenere adeguati standard di servizio nonostante l'aumento degli ospiti.

- **Flessibilità dei Servizi:** Descrizione: Capacità di adattare i servizi offerti in base alle esigenze e alle preferenze degli ospiti, variando l'offerta in base alla stagionalità o agli eventi speciali.

- **Adattabilità delle Tariffe:** Capacità di modificare le tariffe in base alla domanda, utilizzando strategie di pricing dinamico per massimizzare i ricavi e l'occupazione.

Alcuni indicatori per questo fattore di qualità.

- **FB11-1 Reclami**: Tasso di reclami, lamentele o segnalazioni durante i picchi della domanda

- **FB11-2 Tempo Medio di Risposta alle Variazioni della Domanda**: Tempo medio impiegato per adattare le operazioni e i servizi alle variazioni improvvise della domanda.

- **FB11-3 Tasso di Soddisfazione degli Ospiti durante i Picchi di Domanda**: Valutazione della soddisfazione degli ospiti nei periodi di alta affluenza.

- **FB11-4 Numero di Servizi Aggiuntivi Offerti durante i Picchi di Domanda**: Numero di servizi extra o pacchetti speciali offerti durante i periodi di alta affluenza.

- **FB11-5: Efficienza nell'Uso delle Risorse**: Misurazione dell'efficienza nell'uso delle risorse (energia, acqua, personale) durante i periodi di variazione della domanda.

- **FB11-6 Adattabilità del Personale**: Percentuale di personale che può essere rapidamente formato e adattato a diversi ruoli in base alla domanda.

Il fattore di qualità "Motivazione" nel contesto di un'organizzazione o servizio si riferisce al livello di coinvolgimento, entusiasmo e impegno dimostrato dal personale. Un personale motivato è fondamentale per il successo di qualsiasi entità, poiché i dipendenti motivati tendono a lavorare con maggiore dedizione, efficienza e attenzione verso i bisogni dei clienti o utenti.

Strategie per Incrementare la Motivazione:

- **Riconoscimento e Ricompense**: Il riconoscimento delle prestazioni e la corrispondente ricompensa, sia essa monetaria o sotto forma di benefici e incentivi, possono aumentare significativamente la motivazione del personale.

- **Opportunità di Crescita**: Fornire al personale opportunità di sviluppo professionale, formazione e progressione di carriera può contribuire a mantenere alta la loro motivazione.

- **Coinvolgimento nelle Decisioni**: Includere i dipendenti nei processi decisionali e dar loro voce in capitolo sul lavoro può aumentare il senso di appartenenza e la motivazione.

- **Ambiente di Lavoro Stimolante**: Creare un ambiente di lavoro che supporti la collaborazione, l'innovazione e la comunicazione aperta contribuisce a mantenere elevati livelli di motivazione.

Spesso il termine accessibilità è associato in modo particolare alla accessibilità fisica e quindi alla assenza di barriere architettoniche.

In realtà il termine va inteso nel suo senso più ampio: dall'accessibilità verso chiunque presenti un bisogno speciale (motoria, visiva, uditiva), alla accessibilità dovuta a fattori economici (un biglietto di ingresso eccessivamente alto riduce la possibilità di accesso per le fasce economiche più svantaggiate) alla accessibilità stessa legata ad altri aspetti (orari di apertura ristretti, mancanza di parcheggi, mancanza di informazioni sugli orari di apertura, ecc.) ed anche alla facilità di contatto e degli adempimenti.

Il fattore di accessibilità generale è, in questo contesto, inteso come riferibile alla facilità con cui i servizi e le informazioni sono disponibili e accessibili a tutti i potenziali ospiti, indipendentemente dalle loro specifiche esigenze fisiche. Questo fattore include vari aspetti che contribuiscono a rendere un servizio facilmente fruibile da un ampio pubblico.

Aspetti Chiave dell'Accessibilità Generale nel Settore dell'Ospitalità:

- **Accessibilità delle Informazioni**: Fornire informazioni chiare e facilmente reperibili riguardo ai servizi, agli orari di apertura, ai costi e alle modalità di accesso. Esempio: Sito web aggiornato e facile da navigare, materiale informativo disponibile in diverse lingue, assistenza telefonica.

- **Accessibilità Logistica**: Facilitare l'accesso alle strutture mediante una buona disponibilità di parcheggi, collegamenti di trasporto pubblico e indicazioni stradali chiare. Esempio: Parcheggi riservati, navette di collegamento, mappe e indicazioni stradali chiare.

- **Accessibilità Oraria**: Offrire orari flessibili che permettano a un ampio pubblico di usufruire dei servizi. Esempio: Orari estesi di check-in check-out e dei servizi aggiuntivi offerti (ristorazione, wellness, ecc)

- **Facilità di Contatto e Adempimenti**: Rendere semplice il contatto con la struttura e la gestione delle prenotazioni e delle richieste. Esempio: Sistema di prenotazione online semplice e intuitivo, risposta rapida alle e-mail e alle chiamate, supporto clienti disponibile.

- **Strumenti di Comunicazione Efficaci**: Una organizzazione che utilizza una varietà di canali di comunicazione, come e-mail, chat online, social media e linee telefoniche dedicate, per assicurare che i clienti possano facilmente ottenere assistenza e informazioni.

Il fattore di qualità "Pianificazione" si riferisce alla capacità di un'organizzazione di anticipare le esigenze, gestire le risorse e coordinare le attività in modo da garantire un servizio di qualità.

Esempi di Pianificazione nel Settore dell'Ospitalità :

- **Gestione delle Prenotazioni**: Un hotel che utilizza un sistema di gestione delle prenotazioni avanzato per anticipare i periodi di alta e bassa stagione, garantendo così una distribuzione ottimale delle camere e un servizio personalizzato per ogni ospite.

- **Pianificazione del Servizio**: Le attività necessarie alla erogazione del servizio di ospitalità, andrebbero attentamente pianificate al fine di ridurre le situazioni di non conformità rispetto agli standard qualitativi promessi agli ospiti.

- **Pianificazione Servizi aggiuntivi**: Una struttura che offre servizi aggiuntivi quali escursioni e visite guidate, dovrebbe pianificare in modo dettagliato tali servizi aggiuntivi, tenendo conto dei tempi di spostamento, delle aperture dei luoghi di interesse e delle preferenze degli ospiti, per offrire un servizio senza intoppi.

- **Gestione degli Eventi**: L'organizzazione di eventi offerti agli ospiti, richiedono una pianificazione meticolosa per migliorare la probabilità che l'evento si svolga senza problemi.

- **Pianificazione della Manutenzione**: La pianificazione della manutenzione ordinaria e straordinaria di attrezzature e infrastrutture.

- **Gestione delle Risorse Umane**: Pianificazione delle risorse umane per garantire che vi sia sempre personale sufficiente e qualificato durante i periodi di alta domanda.

- **Pianificazione delle Scorte**: Pianificazione e gestione delle scorte di beni di consumo per evitare carenze o eccessi, garantendo sempre la disponibilità di materiali essenziali.

- **Pianificazione delle Scorte**: Pianificazione e gestione delle scorte di beni di consumo per evitare carenze o eccessi, garantendo sempre la disponibilità di materiali essenziali.

Qualità tecnica

- FB2: Competenza
- FB7: Affidabilità
- FB12: Sicurezza
- FB13: Infrastrutture e Attrezzature

FB2: Competenza

Le competenze, intese come capacità di utilizzare il sapere e il saper fare, rappresentano una combinazione di conoscenze, abilità e capacità personali, insieme al grado di autonomia e responsabilità richiesto per risolvere problemi o svolgere compiti, anche di natura complessa.

Il fattore di qualità "Competenza" si riferisce alla competenza tecnica e professionale del personale, evidenziando l'importanza non solo di saper fare, ma di saper fare bene. Questo fattore enfatizza la necessità per il personale di possedere le conoscenze, le abilità e l'esperienza richieste per eseguire le proprie mansioni in modo efficace ed efficiente, garantendo alti livelli di qualità nei servizi o nei prodotti offerti. La competenza implica una comprensione approfondita dei processi, delle procedure, degli standard del settore e delle migliori pratiche, nonché la capacità di applicare tale conoscenza in situazioni pratiche.

Un personale competente è in grado di risolvere problemi, adattarsi a nuove situazioni e migliorare continuamente i processi lavorativi, contribuendo così alla soddisfazione del cliente e al successo complessivo dell'organizzazione.

Ecco alcuni elementi chiave relativi a questo fattore:

- **Formazione**: Il personale dovrebbe ricevere una formazione continua e aggiornamenti regolari per rimanere al passo con le ultime tendenze del settore, le tecniche di servizio, le normative e le aspettative degli ospiti.

- **Specializzazione e Conoscenze Specifiche:** La competenza richiede anche una specializzazione in aree specifiche. Ad esempio:
  - Il personale di un centro benessere deve avere conoscenze approfondite sui trattamenti offerti, inclusi massaggi, terapie olistiche, trattamenti facciali e utilizzo di prodotti specifici
  - Il personale dei ristoranti e bar dovrebbe avere una conoscenza approfondita dei vini, delle tecniche di mixology, e delle peculiarità dei piatti offerti.
  - Il personale specializzato in gestione eventi deve essere in grado di pianificare e coordinare ogni aspetto di eventi complessi come matrimoni, conferenze e meeting aziendali.
  - Il personale addetto alle relazioni con gli ospiti dovrebbe avere competenze in materia di problem solving, tecniche di comunicazione e ascolto efficace, oltre ovviamente, alle adeguate competenze linguistiche.
  - Il personale addetto alla pulizia e alla manutenzione deve essere formato su pratiche di igiene avanzate, gestione delle emergenze e utilizzo di attrezzature specifiche.
  - Il personale addetto alla sicurezza deve avere una formazione specifica su tecniche di primo soccorso, gestione delle emergenze e utilizzo delle attrezzature di sicurezza.

- **Conoscenza del Territorio**: Non dovrebbe mancare nella struttura, personale con una conoscenza approfondita del territorio, delle attrazioni, della cultura locale, della storia e delle tradizioni per poter fornire informazioni accurate che arricchiscono l'esperienza.

- **Standardizzazione e riconoscimento delle Competenze**: Il riconoscimento delle competenze basato su standard ufficiali e riconosciuti permette di individuare e riconoscere le competenze necessarie in una determinata professione o settore. Ciò contribuisce a garantire che il personale abbia le abilità necessarie per svolgere le proprie mansioni in modo efficace.

Esempi di indicatori associati a questo fattore.

- **FB2-1 Professioni riconosciute**: Presenza di personale con professionalità riconosciuta nei ruoli chiave che possono influenzare la qualità complessiva della Guest Experience (Es, in Italia competenze riconosciute ai sensi del DPCM 14/10/2021)
- **FB2-2 Reclami:** Tasso di reclami o lamentele imputabili alla competenza del personale
- **FB2-3 Feedback**: Feedback degli Ospiti sulla Competenza del Personale: Valutazioni e commenti degli ospiti specificamente riguardanti la competenza del personale.
- **FB2-4 Primo soccorso**: Presenza di personale con formazione specifica e riconosciuta su tecniche di primo soccorso (Es: BLS, BLS-D, ecc.)
- **FB2-5 Emergenze**: Presenza di personale con formazione specifica e riconosciuta sula gestione delle emergenze
- **FB2-6 Frequenza della Formazione Continua**: Numero di ore di formazione continua completate dal personale su base annua. Questo indicatore misura l'impegno della struttura nell'aggiornamento continuo delle competenze del personale.

Questo fattore si concentra sull'attendibilità delle informazioni fornite dall'organizzazione e sulla tempestività con cui le parti interessate vengono informate riguardo a eventuali cambiamenti o aggiornamenti.

Questo fattore comprende almeno due aspetti chiave:

- **Attendibilità delle Informazioni.** Significa che tutte le comunicazioni devono essere accurate, verificate e aggiornate. Questo riduce il rischio di malintesi o errori e contribuisce a costruire una relazione di fiducia tra l'organizzazione e i fruitori dei propri servizi. Esempio Operativo: Una hotel deve garantire che le descrizioni delle camere, dei servizi e delle attività sul proprio sito web siano precise e aggiornate. Se, ad esempio, il centro benessere, la piscina o altre strutture associate ad altri servizi integrativi, sono temporaneamente chiusi per manutenzione, questa informazione deve essere chiaramente comunicata agli ospiti in anticipo.

- **Tempestività nella Comunicazione**: Riguarda la capacità dell'organizzazione di informare rapidamente le parti interessate su qualsiasi cambiamento significativo, come modifiche ai servizi, alle politiche o alle procedure. La tempestività assicura che tutte le parti siano adeguatamente informate e possano adattarsi o reagire in maniera appropriata ai cambiamenti avvenuti. Esempio Operativo: Se un hotel prevede una ristrutturazione che potrebbe causare disturbi agli ospiti, deve informare i clienti già prenotati e potenziali in modo tempestivo. Inoltre, se ci sono modifiche agli orari dei ristoranti o dei servizi, queste informazioni devono essere comunicate immediatamente.

Esempi di indicatori associati a questo fattore.

- **FB7-1 Reclami**: Tasso di reclami o lamentele imputabili alla attendibilità, carenza, o qualità delle informazioni fornite

- **FB7-2 Tasso di Risposta alle Comunicazioni:** La percentuale di comunicazioni, come e-mail o messaggi dei clienti, a cui viene data risposta entro un determinato tempo (ad esempio, entro 24 ore). Un alto tasso di risposta tempestiva indica un buon livello di affidabilità nelle comunicazioni con gli ospiti.

- **FB7-3 Precisione delle Informazioni Fornite:** Il numero di errori o discrepanze riscontrati nelle informazioni fornite agli ospiti rispetto alla realtà. Questo può essere misurato attraverso audit periodici delle descrizioni delle camere, dei servizi e delle attività offerte.

- **FB7-4 Accuratezza delle Prenotazioni:** La percentuale di prenotazioni effettuate senza errori o necessità di correzioni. Questo indica la precisione e l'affidabilità del sistema di prenotazione della struttura.

- **FB7-5 Feedback Positivo su Chiarezza delle Informazioni:** Il numero di feedback positivi specifici sulla chiarezza e completezza delle informazioni fornite, raccolti attraverso sondaggi post-soggiorno o recensioni online.

Il fattore di qualità "Sicurezza" si focalizza sulla prevenzione dei rischi e sulla protezione dei visitatori da potenziali pericoli durante il soggiorno. Questo implica l'adozione di misure adeguate per garantire ambienti sicuri e il rispetto delle normative vigenti in materia di sicurezza.

Alcuni elementi chiave relativi a questo fattore:

- **Assenza di Pericoli Fisici**: Una esperienza dovrebbe garantire che i luoghi interessati siano privi di pericoli fisici evidenti. Questi pericoli possono includere ostacoli sulle vie di accesso alla struttura, tratti scivolosi, strutture pericolose, ecc.

- **Normative di Sicurezza**: Tutte le esperienze e i servizi devono essere conformi alle normative di sicurezza vigenti, comprese quelle relative agli edifici, alle attrazioni turistiche e agli spazi utilizzati dagli ospiti.

- **Educazione alla Sicurezza**: Fornire informazioni e orientamenti sulla sicurezza agli ospiti è importante. Questo può essere fatto attraverso cartelli informativi, brochure o briefings sulla sicurezza all'arrivo degli ospiti.

- **Monitoraggio**: La sicurezza dovrebbe essere oggetto di monitoraggio per identificare e individuare adeguate azioni preventive per eliminare o ridurre potenziali rischi o problemi di sicurezza. Questo include l'uso di telecamere di sicurezza, personale addetto alla sicurezza e audit di sicurezza regolari.

Esempi di indicatori associati a questo fattore.

- **FB12-1 Reclami**: Tasso di reclami, lamentele o segnalazioni imputabili a pericoli o rischi per il pubblico

- **FB12-2 Frequenza degli Audit di Sicurezza**: Numero di audit di sicurezza effettuati in un determinato periodo. Questo indicatore misura la frequenza con cui vengono eseguite le ispezioni per garantire che tutte le aree siano conformi alle normative di sicurezza.

- **FB12-3 Tempo di Risoluzione dei Problemi di Sicurezza**: Tempo medio impiegato per risolvere i problemi di sicurezza segnalati. Un breve tempo di risoluzione indica un'efficace gestione delle problematiche di sicurezza.

- **FB12-4 Percentuale di Personale Formato in Sicurezza**: Percentuale di dipendenti che hanno completato la formazione obbligatoria sulla sicurezza. Questo indica il livello di preparazione del personale nel gestire situazioni di emergenza e nel prevenire incidenti.

- **FB12-5 Tasso di Conformità alle Normative di Sicurezza**: Percentuale di aree e attrezzature che risultano conformi alle normative di sicurezza durante le ispezioni. Un alto tasso di conformità indica che la struttura mantiene elevati standard di sicurezza.

- **FB12-6 Feedback degli Ospiti sulla Sicurezza**: Valutazioni e commenti degli ospiti riguardo alla percezione della sicurezza durante il soggiorno. Questo feedback può essere raccolto tramite sondaggi e questionari post-soggiorno.

- **FB12-7 Implementazione di Misure Preventive**: Numero di misure preventive implementate per migliorare la sicurezza, come installazione di sistemi di sicurezza, miglioramento dell'illuminazione, segnaletica aggiuntiva, ecc.

Questo fattore si riferisce alla qualità e all'adeguatezza delle strutture fisiche, dei materiali e delle apparecchiature utilizzate per fornire servizi ai clienti. In ambito turistico (e non solo), la qualità delle infrastrutture e delle attrezzature ha un impatto diretto sulla percezione del servizio da parte dei clienti e sulla loro decisione di ritornare o raccomandare l'esperienza ad altri. Investire in infrastrutture e attrezzature di qualità non solo migliora l'esperienza del cliente, ma contribuisce anche a costruire una reputazione positiva per le organizzazione che offrono servizi turistici e per l'esperienza stessa.

Alcuni elementi chiave relativi a questo fattore:

- **Qualità delle Infrastrutture**: Questo include la qualità e la manutenzione di edifici, accessi, sentieri e altre infrastrutture fisiche che gli ospiti utilizzano. Le infrastrutture dovrebbero essere in buone condizioni, sicure e accessibili.

- **Qualità delle Attrezzature**: Ciò include tutto ciò che è necessario per sostenere attività necessarie al soggiorno degli ospiti e ai servizi aggiuntivi offerti e le attrezzature utilizzate per le attività ricreative, come l'equipaggiamento e le attrezzature per le attività che lo prevedono o anche la qualità dei veicoli utilizzati per i tour e le visite guidate.

- **Camere e Spazi Comuni**: Le camere e gli spazi comuni dovrebbero essere puliti, confortevoli e rispondere alle esigenze degli ospiti.

- **Servizi Igiene**: La qualità e la pulizia dei servizi igienici nelle camere e negli spazi comuni .

Esempi di indicatori associati a questo fattore.

- **FB13-1 Reclami:** Tasso di reclami o lamentele imputabili alle Infrastrutture e attrezzature

- **FB13-2 Indice guasti infrastrutture**: numero impianti non funzionanti, in un arco temporale ben definito.

- **FB13-3 Indice guasti attrezzature**: numero strumenti, veicoli e attrezzature non funzionanti, in un arco temporale ben definito

- **FB13-4 Indice di Condizione delle camere e degli spazi utilizzati dagli ospiti**: presenza di umidità, crepe, cattivi odori, disordine, sporco, ecc.

- **FB13-5 Feedback degli Ospiti**: Valutazioni e commenti degli ospiti riguardo alla percezione della qualità delle infrastrutture e delle attrezzature.

- **FB13-6 Implementazione di Misure Preventive**: Numero di misure preventive implementate per migliorare la qualità delle infrastrutture e delle attrezzature, programmi di manutenzione ordinaria e straordinaria, procedure di gestione e controllo, ecc.

Fattori di Equità/Accessibilità

Applicare il concetto di qualità nel settore dei servizi, in particolare nel turismo e nell'ospitalità, si traduce necessariamente nel prendere laddove possibile, in considerazione le aspettative di utenti con bisogni speciali. La capacità di un'organizzazione di soddisfare tali bisogni non solo riflette il suo impegno verso l'inclusività e l'accessibilità, ma migliora anche la qualità complessiva del servizio offerto, rendendolo più accogliente e disponibile per un'ampia gamma di clienti.

Un elenco non esaustivo di bisogni speciali è il seguente:

- **Bisogni Motori**: Questi includono le esigenze di individui con mobilità ridotta o persone che utilizzano carrozzine. Le strutture devono fornire accessi senza barriere, rampe, ascensori adeguati, servizi igienici accessibili e, se possibile, opzioni di alloggio personalizzate.

- **Bisogni Sensoriali**: Persone con limitazioni visive o uditive richiedono servizi specializzati come segnaletica in Braille, audioguide, sistemi di amplificazione del suono, e percorsi tattili per garantire una fruizione completa delle offerte turistiche.

- **Esigenze Alimentari**: La disponibilità di opzioni alimentari per persone con allergie o intolleranze è ormai ritenuta di importanza primaria. Ciò implica la chiara comunicazione degli ingredienti e la possibilità di offrire menu personalizzati o alternativi.

- **Limitazioni Economiche**: Offrire servizi o pacchetti a prezzi accessibili può ampliare la base di utenti, consentendo anche a coloro con limitate disponibilità economiche di godere di esperienze turistiche.

- **Condizioni Ambientali**: Alcuni visitatori potrebbero avere bisogni legati a condizioni ambientali specifiche, come allergie stagionali o necessità di climi particolari per motivi di salute. Le strutture possono offrire ambienti controllati o suggerire periodi dell'anno ideali per questi ospiti.

Considerazioni per Utenti con Esigenze Particolari:

- **Famiglie con Bambini**: L'offerta di servizi family-friendly, come aree gioco, menu per bambini, e attività ricreative adatte, può migliorare significativamente il livello di soddisfazione delle famiglie.

- **Anziani**: Servizi pensati per gli anziani, come percorsi facilitati, tempi più lunghi per le visite guidate, e personale disponibile per assistenza, possono rendere il turismo più accessibile e piacevole per questa fascia d'età.

- **Persone con Disabilità Mentale o Psichica**: La creazione di un ambiente accogliente, la formazione del personale sulla sensibilità e la comunicazione efficace sono fondamentali per accogliere al meglio queste persone.

- **Animali Domestici**: Per molti, gli animali domestici sono parte della famiglia, e offrire servizi pet-friendly, come alloggi adatti e aree dedicate, può essere un fattore distintivo importante.

Incorporare la considerazione per i bisogni speciali nella pianificazione e nell'erogazione dei servizi turistici non solo migliora l'accessibilità e l'inclusività ma contribuisce anche a creare esperienze positive e memorabili per tutti gli utenti, indipendentemente dalle loro esigenze individuali. Questo approccio olistico alla qualità rafforza la reputazione dell'organizzazione e promuove un turismo più equo e accessibile.

Ecco un elenco di fattori scaturiti dal ragionamento appena fatto

FA Fattori di Equità/Accessibilità in base ai bisogni

- **FA: Accessibilità Motoria**: Assicura che le strutture e i servizi siano accessibili a persone con limitazioni motorie, inclusi coloro che utilizzano carrozzine o altri ausili per la mobilità.

- **FA. Accessibilità Visiva**. Include misure per assistere le persone con limitazioni visive, come segnaletica in Braille, guide vocali e percorsi tattili.

- **FA3: Accessibilità Uditiva**: Fornisce supporto per le persone con limitazioni uditive, attraverso l'uso di sistemi di amplificazione, sottotitoli e interpreti della lingua dei segni.

- **FA4: Accessibilità Sociale**: Si concentra sull'inclusione sociale, garantendo che le persone di tutte le età, culture e background si sentano benvenute e incluse.

- **FA5: Accessibilità Economica**: Offre opzioni e pacchetti che tengono conto delle diverse capacità economiche, rendendo i servizi accessibili a un pubblico più ampio.

- **FA6: Accessibilità Alimentare**: Considera le esigenze alimentari speciali, come allergie e intolleranze, fornendo opzioni di menu adeguate.

- **FA7: Accessibilità Ambientale**: Assicura che le persone con sensibilità o esigenze ambientali, come allergie stagionali, possano godere dei servizi in un ambiente adatto.

- **FA8: Accessibilità per Animali Domestici**: Accoglie gli animali domestici, fornendo servizi e strutture adatti per coloro che viaggiano con i loro compagni a quattro zampe.

- **FA9: Accessibilità per Familiari**: Offre servizi e strutture pensate per famiglie con bambini o anziani, come aree gioco sicure e accessibili, o strutture comode per gli anziani.

- **FA10: Accessibilità per Ulteriori Bisogni Speciali**: Considera una gamma più ampia di bisogni speciali, inclusi quelli relativi a disabilità mentali o psichiche, garantendo che ci siano supporti adeguati e personale formato.

Alcuni indicatori per questo fattore:

FA1: Accessibilità motoria

- **FA1-1:** Presenza di bagni per disabili (numero e dislocazione)
- **FA1-2:** Incidenza delle barriere architettoniche nella struttura
- **FA1-3:** Incidenza delle barriere architettoniche nei trasporti
- **FA1-4:** Presenza parcheggi per disabili (numero e dislocazione)
- **FA1-5:** Pavimenti antisdrucciolevoli
- **FA1-6:** Presenza di ascensori per disabili (parametri dimensionali di accesso, spazi di manovra, disposizione comandi a norma – se il tipo di struttura lo richiede-)
- **FA1-7:** Presenza di personale specializzato per l'assistenza a persone con disabilità o esigenze particolari

FA2: Accessibilità visiva

- **FA2-1:** Presenza di informazioni in braille nella struttura (vista)
- **FA2-2:** Presenza di informazioni audio nella struttura (vista)

FA3: Accessibilità uditiva

- **FA3-1:** Presenza di informazioni nel linguaggio dei segni (LIS) nei siti turistici (udito)
- **FA3-2:** Presenza di personale esperto in LIS

Qualità significa anche adeguarsi alla più sempre crescente sensibilità verso il concetto di sostenibilità ed in particolare verso il concetto di sviluppo turistico sostenibile.

Rifacendosi ai principi dello sviluppo sostenibile delineati nell'Agenda 21 per il settore dei viaggi e del turismo del 1996, adottata durante il Summit della Terra a Rio nel 1992, il turismo sostenibile deve essere ecologicamente tollerabile, economicamente realizzabile ed equo dal punto di vista sociale ed economico per le comunità locali.

Laddove possibile e implementabile all'intero della Guest Experience, potrebbe quindi essere utile tenere conto dei seguenti fattori legati alla sostenibilità:

Fattori di Sostenibilità (FS) nel Turismo:

- **FS1: Sostenibilità Energetica**: Questo fattore si concentra sull'uso efficiente dell'energia e sull'incoraggiamento all'uso di fonti di energia rinnovabile nelle strutture turistiche.

- **FS2: Sostenibilità Alimentare**: Riguarda la promozione di pratiche alimentari sostenibili, come il sostegno all'agricoltura locale, l'uso di prodotti stagionali e la riduzione degli sprechi alimentari nei servizi di ristorazione turistica.

- **FS3: Sostenibilità della Mobilità**: Si riferisce alla promozione di forme di trasporto a basso impatto ambientale, come biciclette, trasporti pubblici e veicoli elettrici.

- **FS4: Sostenibilità delle Comunicazioni**: Questo fattore include l'adozione di soluzioni digitali e la riduzione dell'uso della carta per le comunicazioni turistiche, contribuendo a ridurre l'impatto ambientale del settore.

- **FS5: Sostenibilità degli Imballaggi**: Implica la riduzione dell'uso di imballaggi monouso e l'incoraggiamento all'uso di materiali riciclabili o compostabili nelle strutture turistiche e nei servizi di ristorazione.

- **FS6: Sostenibilità dei Rifiuti**: Si concentra sulla gestione efficace dei rifiuti, promuovendo la riduzione, il riutilizzo e il riciclaggio per minimizzare l'impatto ambientale del turismo.

- **FS7: Sostenibilità dei Fornitori**: Questo fattore riguarda la scelta di fornitori che adottano pratiche sostenibili, assicurando che tutta la catena di fornitura del settore turistico contribuisca alla sostenibilità complessiva.

- **FS8: Sostenibilità delle Location per Eventi e Incontri**: Includere considerazioni di sostenibilità nella scelta delle location per eventi, privilegiando quelle che adottano pratiche ecocompatibili e gestiscono efficientemente le risorse.

Le strutture che lo desiderano possono adottare programmi specifici quali ad esempio:

Global Sustainable Tourism Council: I Criteri del Consiglio di Turismo Sostenibile Globale (Global Sustainable Tourism Criteria, GSTC) sono un insieme di principi e indicatori che mirano a guidare il turismo sostenibile a livello mondiale. Applicati al settore alberghiero, questi criteri forniscono un quadro per promuovere pratiche ecologiche, sociali ed economiche sostenibili nelle strutture ricettive.

Per informazione sui GSTC nel settore dell'ospitalità si veda:

https://www.gstcouncil.org/for-hotels-accommodations/

Rivediamo brevemente i principi esperienziali:

1. **Multisensorialità:** Il percorso esperienziale deve prevedere attività di tipo multisensoriale (coinvolgimento dei sensi: vista, udito, tatto, olfatto e laddove possibile, gusto)

2. **Identità locali:** Il percorso esperienziale deve permettere di approfondire la conoscenza di elementi di identità locale

3. **Unicità:** il percorso esperienziale deve presentare caratteristiche di unicità

4. **Relazioni umane:** il percorso esperienziale deve essere basato sulle relazioni umane

5. **Partecipazione diretta:** il percorso esperienziale deve prevedere la partecipazione diretta dell'ospite ad alcune attività

6. **Apprendimento esperienziale:** il percorso esperienziale deve prevedere una fase di apprendimento attraverso la partecipazione diretta dell'ospite ad alcune attività

7. **Approccio tematico:** ogni percorso dovrà essere costruito a partire da un tema che lo caratterizza e che ne costituisce il filo conduttore

8. **Approccio estetico:** l'approccio estetico, è uno degli elementi, assieme a quello della partecipazione diretta, alla base del concetto di "immersione". Gli eventi che costituiscono "la messa in scena dell'esperienza" devono essere progettati in modo da dare importanza a tutti gli aspetti che possano influire sull'estetica: l'atmosfera, il senso del bello, il luogo scelto per l'esperienza, la trama (sceneggiatura) che deve essere coerente con il tema scelto ed il luogo individuato.

9. **Intrattenimento:** il percorso esperienziale dovrebbe anche prevedere dei momenti di intrattenimento che arricchiscono e rendono piacevole l'esperienza.

10. **Immersione**: Il principio di immersione è in realtà, la diretta conseguenza dell'applicazione dei principi di multisensorialità, partecipazione diretta e approccio estetico. Tecniche immersive possono essere implementate al fine di creare un ambiente scenico che vede i partecipanti immersi in un contesto multisensoriale.

I principi elencati possono essere visti come fattori di qualità esperienziale e possiamo ipotizzare di suddividerli in base a quelli che possiamo considerate i macro-obiettivi del processo esperienziale.

- **Esperienze attraverso i sensi** (coinvolgimento sensoriale) (principi: 1, 5, 7, 8, 10)
- **Esperienze attraverso le emozioni** (coinvolgimento emotivo) (principi: 2, 3, 4, 6, 9)

I principi non vanno visti come appartenenti in senso stretto ad uno dei macro-obiettivi citati in quanto ogni principio in realtà può costituire un elemento rafforzativo di altri principi inseriti in altri macro-obiettivi. Anche i due macro-obiettivi presentati non vanno visti in modo autonomo, **infatti, il coinvolgimento sensoriale è un fattore essenziale anche per il coinvolgimento emotivo.**

I principi particolarmente interessati e che concorrono al coinvolgimento sensoriale sono:

1) Approccio Multisensoriale

5) Partecipazione

7) Approccio tematico

8) Approccio estetico

10) Immersione

Le esperienze dirette e le osservazioni svolte sul campo sono di per se multisensoriali (1) in quanto comportano il coinvolgimento di gran parte dei sensi: vista, udito, tatto, olfatto e in alcuni casi, gusto. La partecipazione diretta dei partecipanti (5) in attività svolte in un ambiente accuratamente curato dal punto di vista estetico (8) contribuirà a rendere l'esperienza anche immersiva (10).

Anche un tema (7) coerente che costituisce il filo conduttore del percorso interpretativo contribuirà al principio di immersione e quindi al coinvolgimento sensoriale.

Alla luce di quanto esposto è utile quindi prendere in considerazione i seguenti fattori di qualità esperienziale.

Fattori Esperienziali (FE)

- FE1: Approccio Multisensoriale
- FE2: Approccio culturale
- FE3: Unicità
- FE4: Approccio relazionale
- FE5: Partecipazione diretta

* FE6: Apprendimento esperienziale

* FE7: Approccio tematico

* FE8: Approccio estetico.

* FE9: Intrattenimento

* FE10: Immersione

Se avete letto bene il capitolo relativo ai principi esperienziali, avendo presentato, in alcuni anche degli esempi reali, dovrebbe essere abbastanza chiaro quali sono gli indicatori che permettono di rispettare i 10 fattori appena elencati.

Di seguito solo una breve sintesi di quanto già esposto.

Indicatori esperienziali

Fattore FE1: Approccio Multisensoriale

Indicatori:

* Presenza di attività che comportano il coinvolgimento di gran parte dei sensi: vista, udito, tatto, olfatto e in alcuni casi, gusto).

* Utilizzo di tecnologia multimediale o di altri accorgimenti in grado di stimolare più sensi compreso i sensi dell'olfatto, dell'udito e del tatto

* Utilizzo di tecniche di marketing sensoriale e olfattivo

Fattore FE2: Approccio culturale (Identità locali)

Indicatori:

* Presenza di attività che comportano la conoscenza o la comprensione di elementi culturali, naturali, storici o demoetnoantropologici del luogo

Fattore FE3: Unicità

Indicatori:

- L'unicità dell'esperienza culturale o di interpretazione essendo legati a identità locali e luoghi specifici, risiede proprio nella sua natura. E' comunque opportuno evitare che i percorsi di esperienza siano associati a offerte prettamente seriali o di massa che in qualche modo ne sminuirebbero la caratteristica di unicità

Fattore FE4: Approccio relazionale

Indicatori:

- Offerta esperienziale basata sulle relazioni
- Utilizzo di comunicazione empatica e orientata alla centralità del partecipante

Gli indicatori segnalati fanno parte di quelli che abbiamo chiamato "indicatori di risultato" in quanto sono indicatori rilevabili direttamente dai partecipanti o da parte di personale specializzato (valutatori esterni, mistery auditor);

Fattore FE5: Partecipazione diretta

Indicatori:

- Presenza di attività che vedono la partecipazione diretta e attiva dei partecipanti
- Presenza di metodologie e tecnologie che favoriscono l'interattività da parte dei partecipanti

Fattore FE6: Apprendimento esperienziale

Indicatori:

- Presenza di attività di apprendimento esperienziale

Fattore FE7: Approccio tematico

Indicatori:

- Percorso esperienziale caratterizzato da un tema che lo caratterizza e che ne costituisce il filo conduttore.

Fattore FE8: Approccio estetico

Indicatori:

- Presenza di elementi scenici e contesto di riferimento che favoriscono l'aspetto estetico: atmosfera, rispetto del concetto di bellezza, luogo scelto per l'esperienza, trama (sceneggiatura) coerente con il tema scelto ed il luogo individuato.

Fattore FE9: Intrattenimento

Indicatori:

- Presenza di momenti di intrattenimento che arricchiscono, "alleggeriscono" e rendono piacevole l'esperienza.

Fattore FE10: Immersione

Indicatori:

- Presenza di tecniche immersive e rispetto dei principi di partecipazione diretta e approccio estetico

Il Sistema di Gestione delle Esperienze

La Qualità finale del percorso esperienziale non è legata solo ai fattori della qualità ma deve tenere conto anche di altri momenti che riguardano ad esempio il contesto stesso dell'organizzazione che offre l'esperienza, così come altre attività quali: pianificazione, progettazione "messa in scena" delle esperienze e le attività di valutazione e miglioramento. In sostanza potremmo affermare che la qualità di una offerta esperienziale non è superiore alla qualità dell'organizzazione che la eroga.

Ecco, quindi, che le organizzazioni che erogano Offerte esperienziali, al fine di tenere sotto controllo e mantenere un alto livello qualitativo delle proprie offerte, dovrebbero adeguare il proprio sistema organizzativo implementando un vero e proprio **Sistema di Gestione delle Esperienze** (SGE) che tenga conto del tipo di offerte erogate.

La specifica tecnica VQE-01 "Sistema di Gestione delle Esperienze: Requisiti e Guida per l'utilizzo", è stata sviluppata prendendo spunto dalla 'High Level Structure' (HLS), adottata da diversi anni in tutte le norme ISO relative alla certificazione dei Sistemi di Gestione. La SAL è stata concepita per servire da fondamento comune a tutti gli altri standard, facilitando così la compatibilità e l'integrazione con altri schemi certificativi (Annex SL delle Direttive ISO - Parte I). L'obiettivo dell'adozione della struttura SAL è garantire un'applicazione omogenea di testi, termini e definizioni di base.

L'allegato alla specifica tecnica VQE-01 presenta una lista di riscontro che illustra come applicare i requisiti previsti dalla specifica tecnica stessa. I requisiti sono espressi tramite specifici indicatori categorizzati in aree che corrispondono ai punti da 4 a 10 della specifica VQE-01.

- CO 4: Contesto dell'Organizzazione

    - 4.1 Comprensione dell'organizzazione e del suo contesto
    - 4.2 Comprensione dei bisogni e delle aspettative delle parti interessate (stakeholder)
    - 4.3 Scopo e campo di applicazione e livelli di esperienza
    - 4.4 Sistema di gestione delle esperienze

- LE 5: Leadership

    - 5.1 Leadership e impegno
    - 5.2 Politica
    - 5.3 Ruoli, responsabilità e autorità

- PI 6: Pianificazione del Sistema di Gestione

    - 6.1 Rischi e Opportunità
    - 6.2 Obiettivi esperienziali

- SU 7: Supporto

    - 7.1 Generalità
    - 7.2 Risorse umane e competenze
    - 7.3 Infrastrutture

- o 7.4 Comunicazione

  - o 7.5 Informazioni documentate

- AO 8: Attività Operative

  - o 1 Pianificazione

  - o 2 Messa in Scena

  - o 3 Principi Esperienziali

  - o 4 Controllo servizi e prodotti forniti dall'esterno

- VA 9: Valutazione

  - o 1 Monitoraggio, misurazione e valutazione

  - o 2 Qualità percepita

  - o 3 Audit interno

  - o 4 Riesame della direzione

- MI 10: Miglioramento

  - o 1 Non conformità e azioni correttive

  - o 2 Miglioramento continuo

La checklist può essere utilizzata da un'organizzazione per:

- **Autovalutazione:** come strumento di autovalutazione per misurare la qualità totale delle proprie offerte esperienziali, includendo anche la valutazione dell'organizzazione.

- **Ottenimento dell'Attestazione di Sistema di Gestione delle Esperienze Convalidato:** che attesta la corretta implementazione del proprio sistema di gestione secondo la specifica tecnica VQE-01 "Sistema di Gestione delle Esperienze: Requisiti e Guida per l'utilizzo".

Ogni organizzazione può decidere liberamente quali indicatori adottare, le Organizzazioni che desiderano ottenere l'Attestazione di corretta attuazione del Sistema di Gestione delle Offerte Esperienziali dovrebbero tenere conto di tutti i requisiti applicabili in base al tipo di esperienza e livello esperienziale offerto.

Si rimanda per chi desidera approfondire l'argomento, alla pagina web:

https://www.itinerariesperienziali.it/vqe-01-sistema-di-gestione-delle-esperienze-requisiti-e-guida-per-lutilizzo/

Il Metodo VQE (Valutazione della Qualità Esperienziale) si basa sulla valutazione di alcuni requisiti indicati nella specifica tecnica VQE-01 "Sistema di Gestione delle Esperienze: Requisiti e Guida per l'uso". Questa valutazione è una versione semplificata rispetto a quella completa prevista dalla VQE-01, poiché considera solo 40 indicatori legati ai requisiti specificati nella norma. Gli indicatori sono categorizzati in aree corrispondenti ai punti da 4 a 10 della specifica VQE-01.

Tra parentesi quadra il numero di indicatori:

- CO (4): Contesto dell'Organizzazione **[4]**

    o Comprensione dell'organizzazione e del suo contesto

    o Comprensione dei bisogni e delle aspettative delle parti interessate (stakeholder

- LE (5): Leadership **[2]**

    o Ruoli, responsabilità e autorità

- PI (6): Pianificazione del Sistema di Gestione **[3]**

    o Rischi e Opportunità

    o Obiettivi esperienziali

- SU (7): Supporto **[3]**

    o Risorse Umane

    o Competenze

- AO (8): Attività Operative **[21]**

    o Pianificazione

- o   Messa in Scena

- o   Principi Esperienziali

- o   Controllo servizi e prodotti forniti dall'esterno

- VA (9): Valutazione **[5]**
  - o   Monitoraggio, misurazione e valutazione
  - o   Qualità percepita

- MI (10): Miglioramento **[2]**
  - o   Non conformità e azioni correttive
  - o   Miglioramento continuo

La metodologia di autovalutazione VQE è messa a disposizione di tutte le organizzazioni che desiderano misurare la propria capacità organizzativa nella erogazione di offerte esperienziali. La metodologia VQE può essere utilizzata da una organizzazione per :

- **Autovalutazione di primo livello:** come strumento di autovalutazione di primo livello per misurare la qualità delle proprie offerte esperienziali, includendo anche la valutazione dell'organizzazione.

Si rimanda per chi desidera approfondire l'argomento, alla pagina web:

https://www.itinerariesperienziali.it/la-metodologia-vqe-per-la-valutazione-della-qualita-delle-offerte-esperienziali-di-una-organizzazione/

Il turismo cresce e si evolve; le tradizionali offerte turistiche cedono il passo alla crescente domanda di turismo esperienziale. Questo cambiamento richiede una chiara distinzione tra le vere offerte esperienziali e quelle che di esperienziale portano solo l'etichetta. Questa distinzione è cruciale non solo per i fruitori delle esperienze, che devono scegliere tra numerose proposte disponibili nel territorio, ma anche per gli operatori turistici e culturali che aspirano a offrire eventi memorabili che coinvolgano gli individui su un piano personale. I tradizionali "clienti" che richiedevano prodotti e servizi sono ora sostituiti da "ospiti" in cerca di emozioni indimenticabili. Se queste esperienze sono inoltre garantite da un Marchio di Qualità che attesta il rispetto dei requisiti di Qualità Esperienziale, il valore aggiunto è ancora maggiore.

Il Marchio di Qualità attesta il rispetto dei requisiti di Qualità Esperienziale misurata attraverso specifici indicatori, assume quindi l'importante funzione di Garanzia di Qualità nei confronti dell'utenza in quanto attesta in modo formale, che l'esperienza offerta è gestita nel rispetto dei requisiti di Qualità Esperienziale.

Per informazioni di dettaglio sul Marchio di Qualità Esperienziale rimando all'area web dedicata:

https://www.itinerariesperienziali.it/il-marchio-di-qualita-esperienziale-mqe/

L'evoluzione del settore turistico verso un'ottica esperienziale evidenzia l'emergere di figure professionali non solo focalizzate sulla Guest Experience, ma anche su quelle forme di turismo che possono essere considerate prerequisiti ai servizi di ospitalità, come il turismo Enogastronomico, delle Radici, del Made in Italy, Religioso, dei Cammini, del Benessere e Culturale.

Queste categorie non sono esclusive; molte esperienze turistiche possono infatti intersecarsi e sovrapporsi tra le diverse tipologie. Ad esempio, la permanenza in una struttura ricettiva può avere contemporaneamente un carattere culturale, enogastronomico ed esperienziale, offrendo una comprensione più ricca e olistica della destinazione. Inoltre, il Turismo del Benessere, per la sua natura, si inserisce sia nel Turismo Esperienziale sia nella Guest Experience.

Le figure professionali interessati in primo piano saranno:

- Specialista delle Esperienze
- Responsabile delle Esperienze
- Consulente Esperienziale (Turismo e Marketing Esperienziale)
- Guest Experience Manager (Guest Relations Manager)
- Front Office Manager

A queste figure è necessario aggiungere ulteriori figure con competenze specialistiche essenzialmente legate ai servizi turistici e di supporto:

- Operatore di Ittiturismo
- Travel Local Expert
- Tourism Property Manager
- Destination Manager

- Manager del Turismo delle Radici

- Cultural Event Manager

- Manager del Turismo dei Cammini

- Manager del Turismo del Made in Italy

- Esperti di Marketing e Travel Designer

- Esperti delle nuove tecnologie applicate al settore turistico (informatica, intelligenza artificiale, realtà virtuale e aumentata, ecc.

Si pone il problema sul riconoscimento formale di tali professioni

Il riconoscimento dei Professionisti nel regolamento italiano

In Italia, esiste un percorso per la legittimazione dei professionisti del settore della Guest Experience, così come per altre figure legate al settore turistico.

Il DPCM 14/10/2021, noto come "Decreto reclutamento" e pubblicato nella Gazzetta Ufficiale n. 268 del 10/11/2021, fornisce per la prima volta una definizione legale di "professionista". In sintesi è professionista chi:

- è iscritto a un albo, collegio o ordine professionale;

- possiede attestazione rilasciata ai sensi della L. 4/2013;

- possiede certificazione UNI.

Per tutte le figure professionali per cui non esistono albi, e considerando la tendenza europea a non incentivare la creazione di nuovi albi nazionali a causa delle difficoltà di riconoscimento a livello europeo, le uniche opzioni disponibili per il riconoscimento dei requisiti professionali, in conformità con la normativa vigente, almeno in Italia, sono l'attestazione secondo la Legge 4/2013 o la certificazione UNI.

Certificazione o Attestazione ai sensi della Legge 4/2013?

La certificazione non è facilmente proponibile, almeno in Italia, se non dopo un passaggio che porti alla definizione di norme tecniche emanata dall'Ente nazionale italiano di unificazione (UNI). Una tale norma potrebbe anche essere recepita dall'Organismo di Normazione Europea (EN) ed infine dall'Organizzazione Internazionale per la Standardizzazione (ISO).

Il passaggio proposto, almeno in ambito nazionale italiano, è strutturato in due fasi chiave, mirate a garantire un riconoscimento professionale in linea con gli standard europei e nazionali:

1. Riconoscimento delle competenze professionali ai sensi della Legge 4/2013 sulla base di schemi di riconoscimento in linea con gli standard europei **EQF** ed **ECVET**. Inoltre, è preferibile che gli schemi di riconoscimento adottati siano coerenti anche con lo standard ANPR UNI.

2. Certificazione in base a specifiche norme UNI. Ciò garantisce anche una maggiore uniformità, trasparenza e riconoscibilità delle competenze sul mercato del lavoro.

In relazione alla prima fase AIPTOC ha sviluppato i propri schemi per il rilascio dell'attestazione ai sensi della L. 4/2013, in linea ai già citati standard EQF, ECVET e ANPR.

Tutti gli schemi elaborati da AIPTOC, si basano su un modello denominato "Ciclo delle Competenze". Questo modello costituisce un ponte tra il mondo dell'istruzione e quello del lavoro, di norma caratterizzati dai seguenti standard:

- **Standard Professionali** (SP): basati sui compiti e i risultati ottenuti in un contesto lavorativo.
- **Standard Formativi** (SF): riguardano il processo di acquisizione e valutazione delle competenze

Questo modello facilita la creazione di profili professionali (SP) fondati sulle competenze (espresse in termini di Conoscenze, Abilità e Autonomia e Responsabilità) e di Standard Formativi (SF) basati sui risultati dell'apprendimento. Tali risultati sono espressi in termini di conoscenze, abilità, responsabilità e autonomia, radicandosi, dunque, nel concetto di competenza stessa.

Per quasi tutte le figure professionali citati in questo capitolo è possibile analizzare gli schemi predisposti da AIPTOC l seguente indirizzo web

https://www.aiptoc.it/speciale-accoglienza-turistica/

L'importanza di un riconoscimento professionale ai sensi della Legge 4/2013

L'importanza di un riconoscimento di una Associazione autorizzata ai sensi della Legge 4/2013 è ormai evidenziata da ulteriori elementi normativi intervenuti negli ultimi anni, di seguito solo un breve estratto:

- 2024: Ordinanza del Consiglio di Stato Sez. VII 995/2024: che introduce nuovi elementi che assimilano le professioni ordinistiche a quelle regolate dalla Legge 4/2013.

- 2023: Con il D.M. 4.8.2023 n. 109 il Ministro della Giustizia ha adottato il regolamento che stabilisce i requisiti per l'iscrizione all'albo dei consulenti tecnici di ufficio, nonché la formazione, la tenuta e l'aggiornamento di tale albo.

- 2022: Microcredito. L'intervento del Fondo mediante la concessione di una garanzia pubblica sulle operazioni di microcredito è ammesso per i professionisti iscritti agli ordini professionali o alle associazioni professionali iscritte nell'elenco tenuto dal Ministero dello sviluppo economico ai sensi della legge 4/2013.

- 2022: il DPCM 14/10/2021 mette sullo stesso piano, ai fini dell'inserimento nella Pubblica Amministrazione, le professioni non ordinistiche a quelle ordinistiche, infatti ai fini del decreto si intende per: "professionista": la persona fisica iscritta ad un albo, collegio o ordine professionale e i professionisti come definiti ai sensi dell'art. 1 della legge 14 gennaio 2013, n. 4, in possesso dell'attestazione di qualità e di qualificazione professionale dei servizi ai sensi dell'art. 7 della legge 14 gennaio 2013, n. 4, rilasciata da un'associazione professionale inserita nell'elenco del Ministero dello sviluppo economico, o in possesso di certificazione in conformità alla norma tecnica UNI ai sensi dell'art. 9 della legge 14 gennaio 2013, n. 4 (Art. 1 DPCM 14/10/2021

- 2019 Il MIBACT con il D.M. 244 del 20 maggio 2019 ha istituito l'elenco nazionale dei "Professionisti dei beni culturali" relativo alle seguenti professioni: Antropologo fisico, Archeologo, Archivista, Bibliotecario,

Demoetnoantropologo, Esperto di diagnostica e di scienze e tecnologia applicate ai beni culturali, Storico dell'arte. Le associazioni ex Legge 4/2013, sono considerate associazioni certificanti ai sensi dell'art. 4, comma 7 del D.M 244/2019, per il riconoscimento dei requisiti professionali ai fini dell'inserimento nell'elenco nazionale dei "Professionisti dei beni culturali".

Percorsi formativi

Per chi volesse approfondire gli argomenti trattati nel presente volume può fare riferimento ai corsi indicati nella pagina web, dedicata alla formazione:

https://www.centrostudihelios.it/speciale-professionisti-delle-esperienze/

Bibliografia utile

Charles Spence - Gastrofisica: la nuova scienza del mangiare – Readrink edizioni 2020

Qualità, Modelli Operativi e Competitività dell'Offerta Turistica di Ignazio Caloggero. Edizioni Centro Studi Helios 2019

Ignazio Caloggero: Percorsi Esperienziali e Interpretazione del Patrimonio Culturale Vol. 1: Origini e Principi Teorici – Centro Studi Helios 2022

Ignazio Caloggero: Dagli Ecomusei ai Centri di Esperienze di Interpretazione del Patrimonio Culturale – Centro Studi Helios 2023

Ignazio Caloggero: Turismo e Marketing Esperienziale. 2023 Edizione Centro Studi Helios

Ignazio Caloggero - Turismo, Arte e Patrimonio Culturale: Profili Professionali e Nuovo Quadro delle Competenze – Edizioni Centro Studi Helios – Ragusa 2022

Freemn Tilden – Interpretare il nostro Patrimonio – Edizione italiana del 2019 – Libreria Geografica

Direttiva 2005/36/CE del Parlamento Europeo e del Consiglio del 7 settembre 2005 relativa al riconoscimento delle qualifiche professionali

Direttiva 2013/55/UE del Parlamento europeo e del Consiglio, recante modifica della direttiva 2005/36/CE, relativa al riconoscimento delle qualifiche professionali

Raccomandazione del Consiglio sul quadro europeo delle qualifiche per l'apprendimento permanente del 22 maggio 2017 (European Qualification Framework – EQF), che abroga la precedente raccomandazione del 23 aprile 2008

Raccomandazione del Parlamento europeo e del Consiglio del 18 giugno 2009 sull'istituzione di un sistema europeo di crediti per l'istruzione e la formazione professionale (ECVET) – (2009/C 155/02).

Raccomandazione del Parlamento europeo e del Consiglio del 18 giugno 2009 sull'istituzione di un quadro europeo di riferimento per la garanzia della qualità dell'istruzione e della formazione professionale

Raccomandazione del Consiglio del 20 dicembre 2012 sulla convalida dell'apprendimento non formale e informale (2012/C 398/01)

Decreto MLPS – MIUR 08/01/2018 "Istituzione del Quadro nazionale delle qualificazioni rilasciate nell'ambito del Sistema nazionale di certificazione delle competenze di cui al decreto legislativo 16 gennaio 2013, n. 13"

Schema APNR (Attività Professionali Non Regolamentate) adottato dall'UNI per la normazione tecnica in ambito APNR

Guida CEN 14 "Linee guida di indirizzo per le attività di normazione sulla qualificazione delle professioni e del personale.

Bloom, B.S. (Ed.), Engelhart, M.D., Furst, E.J., Hill, W.H. and Krathwohl, D.R. Taxonomy of Educational Objectives: Handbook 1: Cognitive Domain. (1956)

Anderson, L.W., Krathwohl, D.R. (Eds.) A Taxonomy for Learning, Teaching and Assessing. A Revision of Bloom's Taxonomy of Educational Objectives. (2001)

B. Joseph Pine, James H. Gilmore: L'economia delle esperienze. Oltre il servizio – Etas 2000, Rizzoli 2013

Bernd H. Schmitt: Experiential Marketing. The Free Press New York – 1999

David Allen Kolb: Experiential learning: experience as the source of learning and development – New Jersey 1984